中等职业学校汽车制造与检修专业新课程教学用书

整车底盘装配技术

ZHENGCHE DIPAN ZHUANGPEI JISHU

李华芳　刘付金文◎主编

人民交通出版社股份有限公司
China Communications Press Co.,Ltd.

内 容 提 要

本书的编写目的是将汽车制造或汽车相关专业学生培养成为汽车制造企业工作的一线技术型人才。教材在编写前，作者专门对广州汽车集团旗下各品牌企业培训中心进行调查，并根据汽车制造企业的人才能力需求状况编写本书，本书由4个项目组成，即项目1汽车动力总成安装，项目2汽车前悬架总成安装，项目3汽车后悬架总成安装，项目4汽车底盘与车身合装。

本书既可作为职业院校汽车制造或汽车相关专业的教学用书，也可以作为汽车生产企业职工岗位培训和其他从事相关专业人员的参考书。

图书在版编目(CIP)数据

整车底盘装配技术 / 李华芳，刘付金文主编．—北京：人民交通出版社股份有限公司，2015.2

ISBN 978-7-114-11972-9

Ⅰ．①整… Ⅱ．①李…②刘… Ⅲ．①汽车—底盘—装配(机械)—中等专业学校—教材 Ⅳ．①U463.1

中国版本图书馆CIP数据核字(2015)第032708号

Zhengche Dipan Zhuangpei Jishu

书　　名：整车底盘装配技术
著 作 者：李华芳　刘付金文
责任编辑：林宇峰　李　洁
出版发行：人民交通出版社股份有限公司
地　　址：(100011)北京市朝阳区安定门外外馆斜街3号
网　　址：http://www.ccpress.com.cn
销售电话：(010)59757973
总 经 销：人民交通出版社股份有限公司发行部
经　　销：各地新华书店
印　　刷：北京市密东印刷有限公司
开　　本：880×1230　1/16
印　　张：7.25
字　　数：174千
版　　次：2015年2月　第1版
印　　次：2015年2月　第1次印刷
书　　号：ISBN 978-7-114-11972-9
定　　价：35.00元

中等职业学校汽车制造与检修专业新课程教学用书

编　委　会

序

INTRODUCTORY

2009年以来,我国汽车产销量一直位列全球第一,稳居全球最大的一手车市场。广州作为全国重要的乘用车生产基地,聚集了广汽丰田、广汽本田、东风日产等合资企业和广汽集团乘用车有限公司等自主品牌企业。近年来职业院校为我国汽车制造行业提供了强有力的人力资源支撑,但职业院校培养的毕业生与汽车制造企业对一线技术工人的要求相比,仍存在职业能力、职业素养等方面的差距,职业学校必须与行业骨干企业开展深度合作,共同培养专业教师,开发专业核心课程,规划和建设专业教学环境,进一步完善专业课程教学中所需的教材,使之更加适应中职学生培养定位、符合中职学生认知规律、满足汽车制造企业需求。

好的教材必须具有适应企业岗位需求的学习内容并同时适合中职学生的学习方式,为此,我校汽车制造与检修专业的教师虚心学习省内外优秀职业院校在专业定位、课程体系建设、专业课程开发和校企合作等方面的经验,参访广州市各大汽车制造企业及员工培训中心,学习企业先进的员工培训经验和做法。该系列教材针对中职学生的培养目标,选取汽车制造生产一线的典型工作任务并进行教学化处理,对汽车系统结构、系统原理、制造工艺、检测工艺、工量具使用、质量标准、技术资料查阅、作业指导书、安全生产和劳动组织方式等学习内容进行科学整合,形成相应的学习任务,将专业能力与关键能力培养、学习过程与工作过程融为一体,充分体现"做中学"、"学中做"和快乐学习的理念,将必要的理论知识结合在实践过程中进行"理实"一体化的学习,学习任务体现完整的行动过程。在学习过程中培养学生良好的质量意识、成本意识、效率意识,以及安全生产、规范操作、精益求精、团结协作的汽车制造企业一线技术人员所需的综合职业素养。学校与广汽丰田、广州本田和广汽集团乘用车有限公司等汽车制造企业建立了深度的校企合作关系,在此基础上开发的该系列教材作为我校创建国家改革发展示范校重点建设专业的重要成果得到了评估专家和汽车制造企业技术人员的一致好评。

我深深地为这套凝聚了学校教师与企业技术人员共同智慧结晶的教材感到欣慰,对企业相关技术人员以及撰写教材的每一位教师表示衷心的感谢。希望这套教材能为汽车制造与检修专业课程的改革提供积极而富有价值的尝试,能够促进区域经济建设和汽车制造与检修职业教育的发展。

广州市交通运输职业学校校长　刘建平

2015 年 1 月 19 日于广州

前 言

PREFACE

随着汽车制造业的快速发展，它已成为中国经济发展的支柱产业之一，企业对员工综合素质的要求越来越高，如何培养适合汽车产业发展与人才结构需求的技能型人才？已成为汽车制造与检修专业人才培养考虑的首要问题。我们在深入广汽本田汽车有限公司、广汽丰田汽车有限公司、广汽乘用车有限公司等著名品牌汽车制造企业调研后，开发了汽车制造系列教材。

汽车制造四大工艺包含冲压工艺、焊装工艺、涂装工艺和总装工艺。其中总装工艺就是将车身、发动机、变速器等各部件装配起来生产出整车的过程，现代汽车制造企业的总装都采用自动化生产线形式。本书基本涵盖汽车整车装配的底盘装配技能，目的是为汽车总装自动生产线开展标准化作业打好基础。本书由4个项目组成，即项目1汽车动力总成安装，项目2汽车前悬架总成安装，项目3汽车后悬架总成安装，项目4汽车底盘与车身合装。

本书由广州市交通运输职业学校李华芳、刘付金文主编，张炳南、周麟参编。其中项目1由张炳南编写；项目2由李华芳编写；项目3由周麟编写；项目4由刘付金文编写；全书由李华芳和刘付金文统稿，刘仲国审稿。

本书既可作为职业院校汽车制造类专业学生的教学用书，也可以作为职业技能的岗位培训和其他从事相关专业人员的参考书。本书在编写过程中得到了广州卓通汽车服务公司、广汽本田汽车制造有限公司、广汽丰田汽车制造有限公司和广州市君乐一汽大众汽车销售公司等企业专家的技术指导，在此表示衷心的感谢！

由于编者学识和水平的限制，书中有不妥之处，恳请使用本书的教师和学生批评指正。

编者

2014年12月

目 录
CONTENTS

项目1　汽车动力总成安装

项目目标（建议学时:28 学时）

完成本项目学习后，你应当能：

1. 识别汽车动力总成各组成零件的名称；
2. 根据参考资料，找出汽车动力总成各组成零件的安装位置；
3. 根据作业指导书，在老师的指导下，完成汽车动力总成的装配；
4. 在装配完成后，能独立或小组检验汽车动力总成的装配品质。

项目概述

汽车动力总成主要由发动机和变速器组成（图 1-1 和图 1-2），发动机（图 1-3）是汽车的心脏，是动力的主要源泉，因此其装配品质将直接影响汽车的动力性、经济性和排放性。汽车零部件厂是将发动机本体、附件和变速器总成（图 1-4）作为零部件提供给汽车制造厂，汽车制造厂将其装配成动力总成。虽然不同的汽车制造厂动力总成装配的工艺顺序有所不同，但装配生产线的基本构成和工艺原理却大同小异。本项目将汽车动力总成的安装分成外围附件、传感器、执行器和线束安装依次学习。帮助学生了解汽车动力总成各零部件的装配，增强学生的专业知识，同时提升学生学习的兴趣。

图 1-1　汽车动力总成

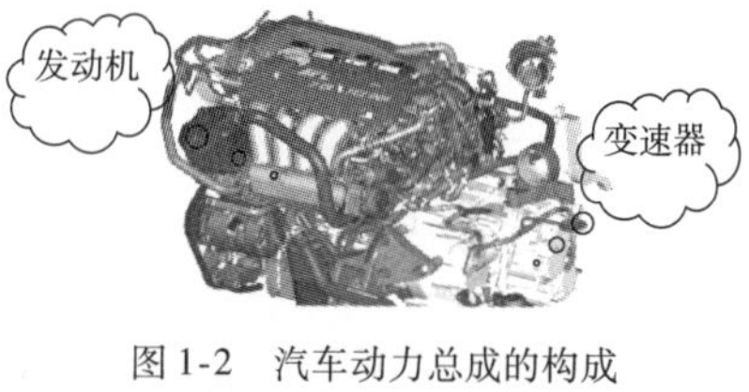

图 1-2　汽车动力总成的构成

图 1-3　发动机

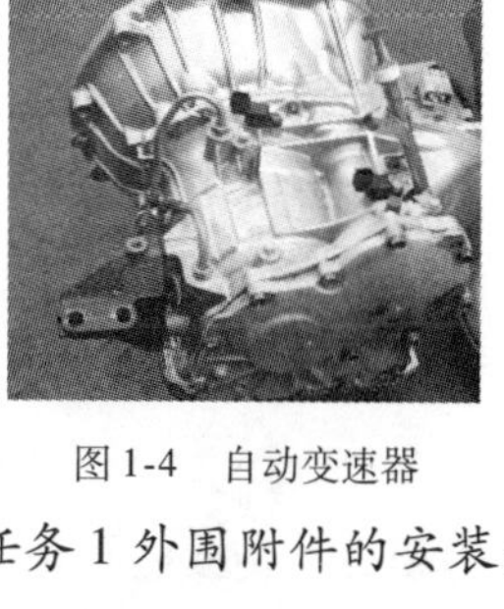

图 1-4　自动变速器

汽车动力总成装配主要内容包括 4 个任务：任务 1 外围附件的安装；任务 2 传感器的安装；任务 3 执行器的安装；任务 4 线束的安装。

任务1 发动机外围附件的安装

⇨ 任务目标(建议学时:10学时)

完成本任务学习后,你应当能:

1. 叙述外围附件的基本组成、构造和一般原理;
2. 根据作业指导书,在教师指导下,完成外围附件的安装;
3. 在装配完成后,能独立或小组检验发动机外围附件的装配品质。

⇨ 任务描述

发动机附件集中安装在发动机外部,是保证发动机正常工作所需要的各种附属装置。发动机附件的种类多达几十种,它们从属于发动机各个系统,通过导管、传动带和电缆等相互连接,如图1-5所示。学员应按照装配工艺的要求,进行动力总成外围附件的装配,并对装配品质进行检验。

图1-5 动力总成外围附件

一、学习准备

A. 汽车发动机有哪些主要附件?它们的作用分别是什么?

汽车发动机的主要附件有进排气管、发电机、空调压缩机、动力转向助力油泵、起动机、气门室盖罩、传动带等。

1. 进、排气管

进、排气管保证发动机在各种工况下都能及时为汽缸提供充足的新鲜空气或混合气,并将燃烧后的废气及时排出汽缸。

2. 发电机

发电机为整车的用电设备供电,在蓄电池电量不足时及时为其充电,并在大负荷用电时与蓄电池共同为用电设备供电。

3. 空调压缩机

空调压缩机是制冷系统的核心部件,为制冷剂在制冷系统中流动提供动力。

4. 动力转向助力油泵

动力转向助力油泵为驾驶员在转向时提供助力,减轻驾驶员的操作疲劳程度。

5. 起动机

起动机给发动机曲轴提供旋转转矩使发动机能顺利起动并正常运转。

6. 气门室盖罩及其饰盖

气门室盖罩密封汽缸盖顶部，其饰盖为了美化发动机并阻止灰尘和雨水直接与发动机接触，起到保护作用。

7. 传动带

传动带将曲轴与发动机进排气机构、空调压缩机和动力转向助力油泵等需要发动机动力的附件连接起来，作为动力输送的纽带与桥梁。

B. 发动机的基本结构是由哪些机构和系统组成的？

汽油发动机由两大机构五大系统组成：

(1)两大机构是指曲柄连杆机构和配气机构；

(2)五大系统分别是起动系、燃油供给系、点火系、冷却系和润滑系；

柴油机在结构上与汽油发动机相近，由两大机构四大系统组成，柴油机没有点火系统。

知识拓展

1. 废气再循环系统

废气再循环(EGR)的作用是将发动机排出的部分废气引入进气歧管，与新鲜混合气混合后进入汽缸，利用废气中所含有大量的二氧化碳不参与燃烧却能吸收热量的特点，降低燃烧温度，以减少氮氧化合物的排放。废气再循环系统如图1-6所示。

2. 电控节气门

发动机工作时，踏板位置传感器将监测到的加速踏板位置信号送往发动机控制模块(ECM)，作为控制节气门开度的基础。ECM根据加速踏板上力的大小判断驾驶员所要求的节气门开度，并为适应发动机当前工况做出必要的调整，然后向伺服电动机发出一个相应的信号来驱动节气门开闭。电控节气门总成如图1-7所示。

图1-6　废气再循环系统

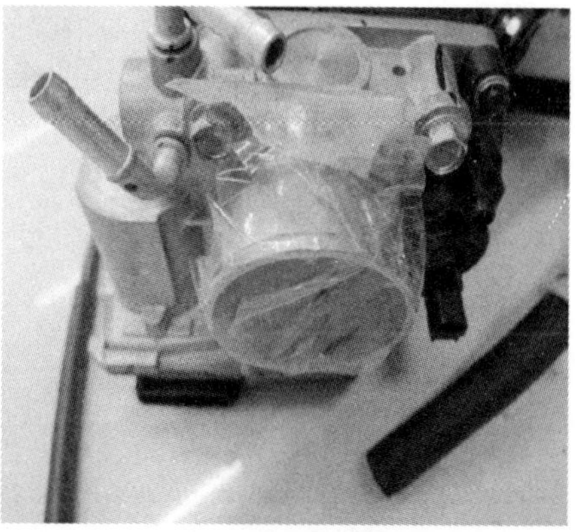

图1-7　电控节气门总成

3. 可变进气正时和升程系统

可变进气正时和升程(VTEC)的功用是根据发动机转速、负荷等变化控制VTEC机构工作，改变驱动同一汽缸两进气门工作的凸轮，以调整进气门的配气相位和升程，并实现单进气门工作和双进气门工作的切换。VTEC系统如图1-8所示。

4. 可变进气管直径系统

可变进气管直径系统的功用是发动机在低速小负荷下工作时，转换阀关闭，只利用一个进气通路，此时进气流速提高，进气惯性大，可提高发动机转矩。当发动机在高速大负荷下工作时，转换阀开启，进气通路为两条。此时总进气通道的截面积大大增加，进气阻力减小，汽缸充气量增加，使高速大负荷时的动力性得到提高。可变进气管直径系统如图1-9所示。

图1-8　VTEC机构实物图

图1-9　进气歧管总成

二、计划与实施

C. 请根据参考资料，经小组讨论后制订一套动力总成附件的安装计划。

(一)制定安装计划

(1)安全防护措施(人身、工具、零件)：

（2）使用工具（工具种类及正确使用方法）：

（3）安装的零件（零件名称）：

（4）把小组成员分工及动力总成附件的安装步骤写在下面：

（二）实施计划

D. 动力总成附件有很多，怎样才能按照汽车制造标准安装到发动机机体上呢？

作业指导书（表1-1和表1-2）中具体描述了安装动力总成附件使用的工具、质量标准及图示、操作要点及注意事项，请认真阅读，并进行动力总成附件的安装。

动力总成主要附件的安装Ⅰ　　表1-1

序号	操作内容	使用工具	质量标准及图示	操作要点及注意事项	不良现象
1	安装进气歧管总成	气动扳手、套筒	工艺力矩范围:18.6～24.5N·m;(图1-10和图1-11)	(1)手拿进气歧管总成卡入定位销内,用螺栓进行预紧固; (2)拧紧顺序为先中间后两边; (3)注意长短螺栓、螺母的安装位置; (4)检查是否符合紧固力矩要求	螺栓安装位置不对;螺栓滑牙;拧紧力矩不符合标准
2	安装发电机	气动扳手、套筒	工艺力矩范围:36～44N·m;(图1-12和图1-13)	(1)轻拿轻放,防止其跌落砸伤手脚; (2)检查是否符合力矩要求	螺栓滑牙;拧紧力矩不符合标准
3	安装空调压缩机	气动扳手、套筒	工艺力矩范围:36～44N·m;(图1-14和图1-15)	(1)轻拿轻放,防止其跌落砸伤手脚; (2)检查是否符合力矩要求	螺栓滑牙;拧紧力矩不符合标准
4	安装排气管总成	气动扳手、套筒	工艺力矩范围:24～32N·m;(图1-16和图1-17)	(1)手拿排气管总成卡入定位销内,用螺栓进行预紧固; (2)拧紧顺序为先中间后两边; (3)注意长短螺栓、螺母的安装位置; (4)检查是否符合拧紧力矩要求	螺栓安装位置不对;螺栓滑牙;拧紧力矩不符合标准

图1-10　进气歧管总成

图1-11　进气歧管总成的安装位置

图1-12　发电机

图1-13　发电机的安装位置

图1-14　空调压缩机

图1-15　空调压缩机的安装位置

图1-16　排气管总成

图1-17　排气管总成的安装位置

动力总成主要附件的安装Ⅱ　　表1-2

序号	操作内容	使用工具	质量标准及图示	操作要点及注意事项	不良现象
5	安装转向助力油泵	气动扳手、套筒	工艺力矩范围:36～44N·m;(图1-18和图1-19)	(1)轻拿轻放,防止其跌落砸伤手脚; (2)检查是否符合拧紧力矩要求	螺栓滑牙;拧紧力矩不符合标准
6	安装气门室盖罩及其饰件	气动扳手、套筒	工艺力矩范围:10～15N·m;插接到位;(图1-20至图1-22)	(1)手拿气门室盖罩卡入定位销内,用螺栓进行预紧固; (2)拧紧顺序为先中间后两边; (3)注意长短螺栓、螺母的安装位置; (4)检查是否符合拧紧力矩要求	螺栓安装位置不对;螺栓滑牙;拧紧力矩不符合标准
7	安装传动带	气动扳手、套筒	安装到位;挠度符合要求;(图1-23和图1-24)	(1)预设传动带安装方向; (2)对张紧轮施加力矩时小心夹伤手指; (3)检查安装位置和挠度是否符合要求	安装位置不对

图1-18　转向助力油泵

图1-19　转向助力油泵的安装位置

图1-20　气门室盖罩安装位置

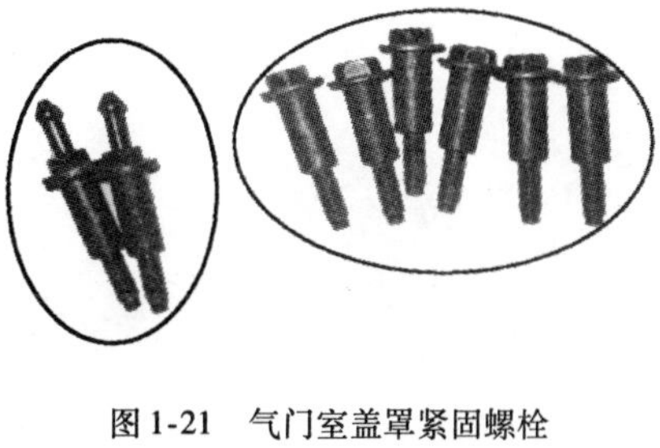

图1-21　气门室盖罩紧固螺栓

图1-22　气门室盖罩饰件

图 1-23　传动带安装位置的确定

图 1-24　传动带的安装

三、评价反馈

E. 学习完本任务后，请思考并完成以下问题。

请在发动机上，向老师指出主要附件的安装位置。

自我评价等级：优　　良　　中　　合格　　不合格

小组评价等级：优　　良　　中　　合格　　不合格

教师总体评价：

年　　月　　日

任务2　汽车传感器的安装

⇨ 任务目标（建议学时：6学时）

完成本任务学习后，你应当能：

1. 叙述传感器的作用和分类，识别各执行器的安装位置；
2. 根据作业指导书，在教师的指导下，完成传感器的安装；
3. 在装配完成后，能独立或小组检验传感器的装配品质。

⇨ 任务描述

传感器是一种将物理信号转变成电信号的器件，而汽车传感器是汽车电子控制单元（ECU）的输入装置，它把汽车运行中各种工况信息，如车速、各种介质的温度、发动机运转工况等，转化为电信号输送给ECU，ECU根据接收的信号进行分析、判断和计算等，再发出指令控制某一执行器工作，从而使汽车处于最佳的工作状态，传感器的作用如图1-25所示。请按照装配工艺的要求，进行传感器的装配，并对装配品质进行检验。

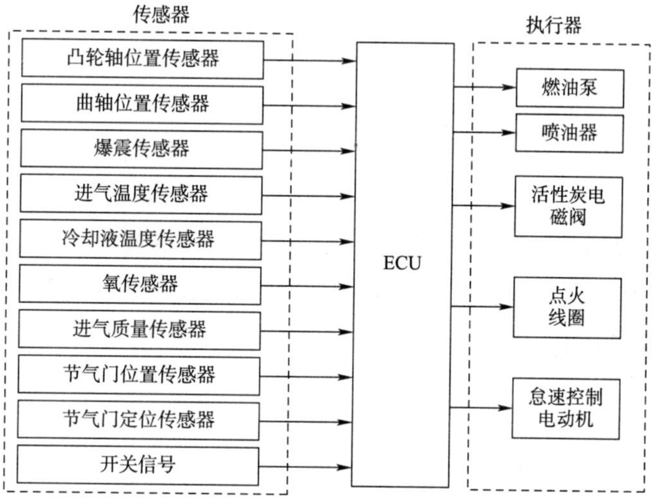

图1-25　传感器的作用

一、学习准备

A. 汽车为什么需要这么多的传感器？这些传感器又是怎么分类的？

汽车技术发展特征之一就是越来越多的部件采用电子控制，以便汽车处于最佳的工作状态，提高汽车的动力性、经济性和排放性。

根据传感器的作用,可以分为测量温度、压力、流量、位置、气体浓度和速度等功能的传感器;根据传感器的工作原理,可以分为电磁式传感器、光电式传感器、霍尔式传感器、磁阻式传感器和电阻式传感器,如图1-26所示。

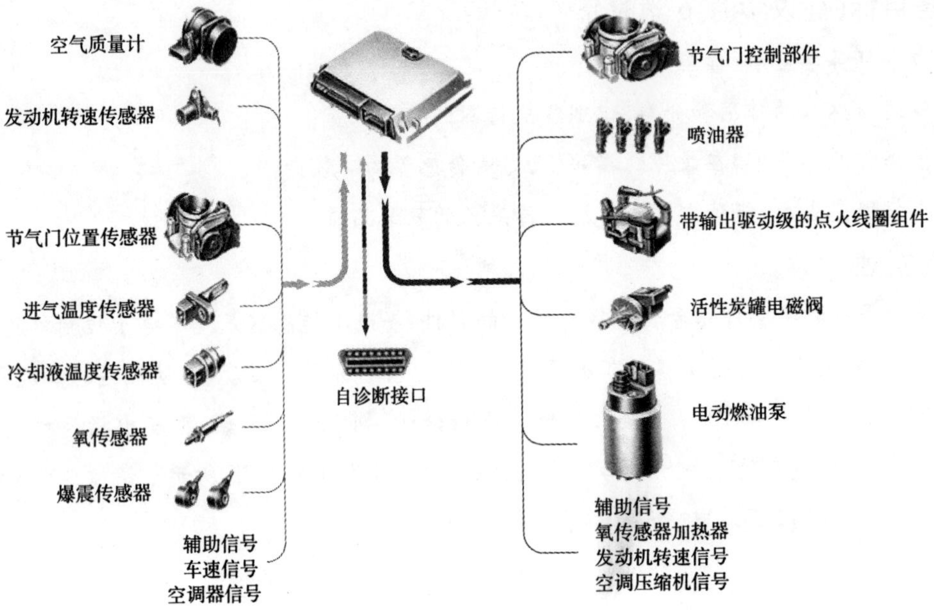

图1-26　发动机控制单元图

1. 温度传感器

(1)冷却液温度传感器,检测冷却液的温度,向ECU提供发动机温度信息;

(2)自动变速器油温传感器,检测自动变速器油的温度,向ECU提供自动变速器油温度信息;

(3)进气温度传感器,检测进气管空气的温度,向ECU提供作为计算空气密度依据的温度信息。

2. 压力传感器

(1)进气歧管绝对压力传感器,根据发动机的负荷状态测出进气歧管内的绝对压力,并转换为电信号输送给ECU,作为计算喷油器基本喷油量的依据;

(2)爆震传感器,检测发动机的爆燃状况,并转换为电信号输送给ECU,作为调整点火提前角的依据;

(3)机油压力传感器,检测发动机的机油压力,并转换为电信号输送给ECU,作为判断发动机的机油压力变化是否符合要求的依据。

3. 流量传感器

空气流量传感器,将吸入进气管的空气质量转换成电信号输送给ECU,作为决定喷油量的基本信号之一。

4. 位置传感器

(1)凸轮轴位置传感器,检测距离上止点的位置信号,向ECU提供作为点火正时及工作顺序的基准信号;

(2)曲轴位置传感器,检测曲轴及发动机转速,向ECU提供作为点火正时及工作顺序的基准信号;

(3)节气门位置传感器,检测节气门开启的角度,向ECU提供作为断油、空燃比和点火提前角修正的基准信号。

5. 气体浓度传感器

氧传感器,检测汽车尾气中的氧含量,向ECU提供反馈信号,控制空燃比在理论值范围内。

6. 速度传感器

(1)曲轴位置传感器,检测曲轴及发动机转速,向ECU提供作为点火正时及工作顺序的基准信号;

(2)变速器输入、输出轴转速传感器,检测变速器输入、输出轴的转速,向ECU提供作为换挡时刻的基准信号。

小词典

电磁式传感器:利用电磁原理制成(类似发电机),也称为无源传感器。产生的是模拟信号。

光电传感器:利用光的不透特性制成,利用光电二极管或光电三极管,将光信号转变成电信号,产生的是数字信号。

霍尔式传感器:利用霍尔效用制成的传感器,具有不随转速变化的特性,产生的是数字信号。

磁阻式传感器:利用磁路中磁阻的变化,将磁阻的变化变换成交流信号,产生的是模拟信号。

电阻式传感器:利用电阻的阻值变化将位置信号变换成电信号的传感器,产生的是模拟信号。

B. 知道了汽车传感器的作用和类型,那它们在本田雅阁轿车中安装在哪个位置呢?

动力总成上的主要传感器有:氧传感器、进气温度传感器、爆震传感器、曲轴位置传感器、冷却液温度传感器、机油压力传感器、节气门位置传感器和变速器输入输出轴转速传感器等,这些传感器的安装位置如图1-27至图1-34所示。

图1-27　装在进气歧管上的进气温度传感器

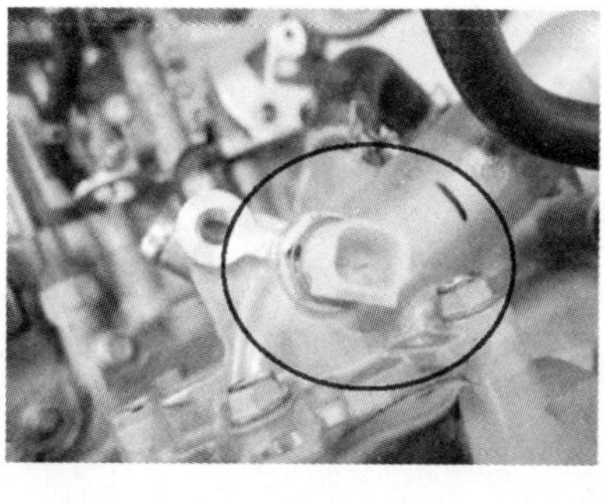

图1-28　装在汽缸盖出水管上的水温传感器

图1-29　装在汽缸体上的爆震传感器

图 1-30　装在曲轴后端上的曲轴位置传感器

图 1-31　装在机油主油道上的机油压力传感器

图 1-32　装在电控节气门体上的节气门位置传感器

图 1-33　装在变速器上的输入、输出转速传感器

图 1-34　装在三元催化转换器上的氧传感器

知识拓展

汽车传感器过去单纯用于发动机上，现已扩展到底盘、车身和灯光电气系统上了。这些系统采用的传感器有 100 多种，它们各司其职，一旦某个传感器失效，对应的装置工作就会受影响。判断传感器出现故障时，不应只考虑传感器本身，而应考虑出现故障的整个电路。因此，在查找故障时，除了检查传感器之外，还要检查线束、插接器以及传感器与 ECU 之间的有关线路。

C. 传感器安装时有什么注意事项？怎样安装？

传感器是汽车电子控制系统的“触角”和“耳目”，其功用是感知汽车运行中被测量的变化，然后按照一定的规律转换成输出信号，并实时传送给 ECU，从而系统地管理整辆汽车的运行。因为大多数传感器安装的位置隐蔽，而且外形尺寸较小，所以有时未引起人们的注意。

（1）安装传感器时应保持规定的紧固力矩；

（2）注意传感器的安装方向；

（3）确保传感器的气隙不变；

（4）防止传感器表面污染；

（5）防止抛摔传感器，如果传感器掉落在坚硬的地面上，不可再用，应当更换新件；

（6）某些传感器的安装应该采用压入法安装，严禁用锤击的方法安装；

（7）安装传感器时，不能随意改变其初始位置。

二、计划与实施

D. 请根据参考资料，经小组讨论后制订一套传感器的安装计划。

（一）制定计划

（1）安全防护措施（人身、工具、零件）：

（2）使用工具（工具种类及正确使用方法）：

（3）安装的零件（零件名称）：

(4)把小组成员分工及各传感器安装的步骤写在下面:

(二)计划实施

E. 怎样才能按照规定力矩将传感器安装到机体上?

作业指导书(表1-3和表1-4)中具体描述了安装传感器使用的工具、质量标准及图示,操作要点及注意事项,请认真阅读,并进行传感器的安装。

安装传感器 I

表1-3

序号	操作内容	使用工具	质量标准及图示	操作要点及注意事项	不良现象
1	安装冷却液温度传感器	气动扳手、套筒	工艺力矩范围:20N·m;(图1-35和图1-36)	(1)检查传感器外形是否完好,防止传感器表面污染; (2)先用手将传感器旋入安装孔3~5个螺纹深度,再用工具拧紧; (3)检查拧紧力矩是否符合力矩要求	外形破损、有脏污;螺栓滑牙;力矩不符合标准
2	安装凸轮轴位置传感器	气动扳手、套筒	工艺力矩范围:6~10N·m;(图1-37和图1-38)	(1)检查外形是否完好,防止传感器表面污染; (2)先用手将螺栓旋入安装孔3~5个螺纹深度,再用工具拧紧; (3)确保传感器的气隙不变; (4)检查拧紧力矩是否符合力矩要求	外形破损、有脏污;螺栓滑牙;力矩不符合标准
3	安装曲轴转速传感器	气动扳手、套筒	工艺力矩范围:6~10N·m;(图1-39和图1-40)	(1)检查外形是否完好,防止传感器表面污染; (2)采用压入的方法安装,不要用锤击的方法安装; (3)确保传感器的气隙不变; (4)先用手将螺栓旋入安装孔3~5个螺纹深度,再用工具拧紧; (5)检查拧紧力矩是否符合力矩要求	外形破损、有脏污;气隙不符合要求;螺栓滑牙;力矩不符合标准

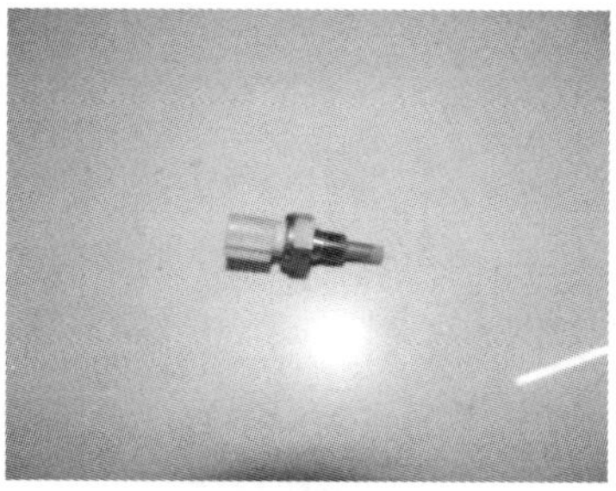

图1-35　冷却液温度传感器

图1-36　冷却液温度传感器的安装位置

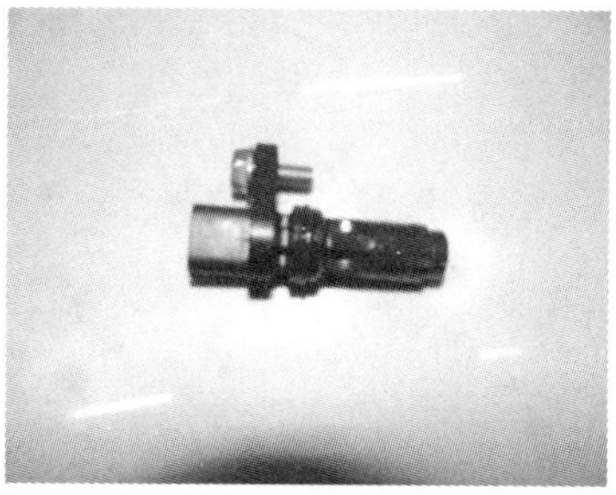

图1-37　凸轮轴位置传感器

1-38　凸轮轴位置传感器的安装位置

图1-39　曲轴转速传感器

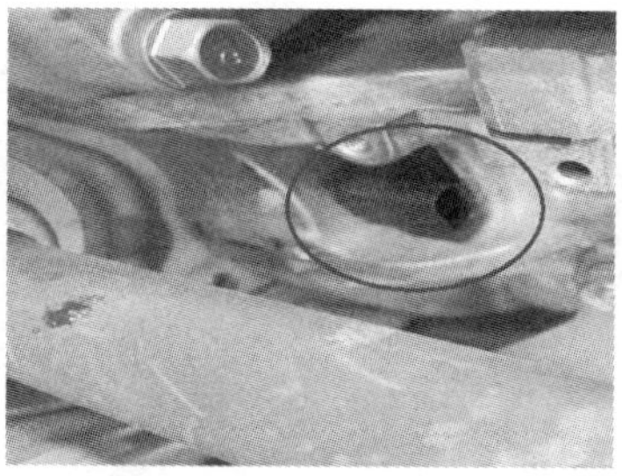

图1-40　曲轴转速传感器的安装位置

安装传感器Ⅱ

表1-4

序号	操作内容	使用工具	质量标准及图示	操作要点及注意事项	不良现象
4	安装进气温度传感器	气动扳手、套筒	工艺力矩范围:6～10N·m;(图1-41和图1-42)	(1)检查外形是否完好,防止传感器表面污染 (2)采用压入的方法安装,不要用锤击的方法安装 (3)先用手将螺栓旋入安装孔3～5个螺纹深度,再用工具拧紧 (4)检查拧紧力矩是否符合力矩要求	外形破损、有脏污;安装方向或初始位置不对;螺栓滑牙;拧紧力矩不符合标准
5	安装爆震传感器	气动扳手、套筒	工艺力矩范围:15～25N·m;(图1-43和图1-44)	(1)检查外形是否完好,防止传感器表面污染; (2)先用手将传感器旋入安装孔3～5个螺纹深度,再用工具拧紧 (3)检查拧紧力矩是否符合力矩要求	外形破损、有脏污;螺栓滑牙;拧紧力矩不符合标准
6	安装变速器转速传感器	气动扳手、套筒	工艺力矩范围:10～15N·m;(图1-45和图1-46)	(1)检查外形是否完好,防止传感器表面污染 (2)采用压入的方法安装,不要用锤击的方法安装 (3)确保传感器的气隙不变 (4)先用手将传感器旋入安装孔3～5个螺纹深度,再用工具拧紧 (5)检查拧紧力矩是否是符合力矩要求	外形破损、有脏污;气隙不符合要求;螺栓滑牙;拧紧力矩不符合标准

图 1-41　进气温度传感器

图 1-42　进气温度传感器的安装位置

图 1-43　爆震传感器

图 1-44　爆震传感器的安装位置

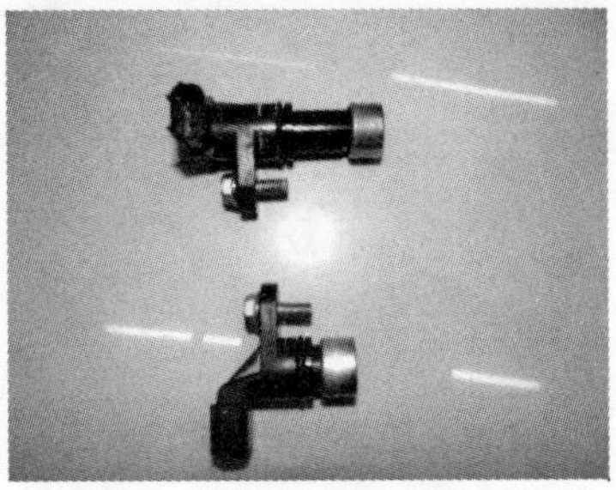

图 1-45　变速器转速传感器

图 1-46　变速器转速传感器的安装位置

三、评价反馈

F. 学习完本任务后，请思考并完成以下问题。

(1)为什么汽车需要传感器？

(2)请在本田雅阁轿车的动力总成中，指出各传感器的安装位置。

(3)请根据参考资料,以小组为单位对安装好的动力总成附件进行检查。

自我评价等级:优　　　良　　　中　　　合格　　　不合格

小组评价等级:优　　　良　　　中　　　合格　　　不合格

教师总体评价:

年　　月　　日

任务3　汽车执行器的安装

⇨ 任务目标(建议学时:6 学时)

完成本任务学习后,你应当能:

1. 叙述执行器的作用和分类,识别各执行器的安装位置;
2. 根据作业指导书,在教师指导下,完成执行器的安装;
3. 在装配完成后,能独立或小组检验执行器的装配品质。

⇨ 任务描述

执行器是自动控制系统中的执行机构和控制阀组合体。它在自动控制系统中的作用是接受来自汽车电子控制单元(ECU)发出的信号,按照其指令对受控对象施加控制作用的装置,执行器工作原理如图 1-47 所示。请按照教师的要求,进行执行器的装配,并对装配品质进行检验。

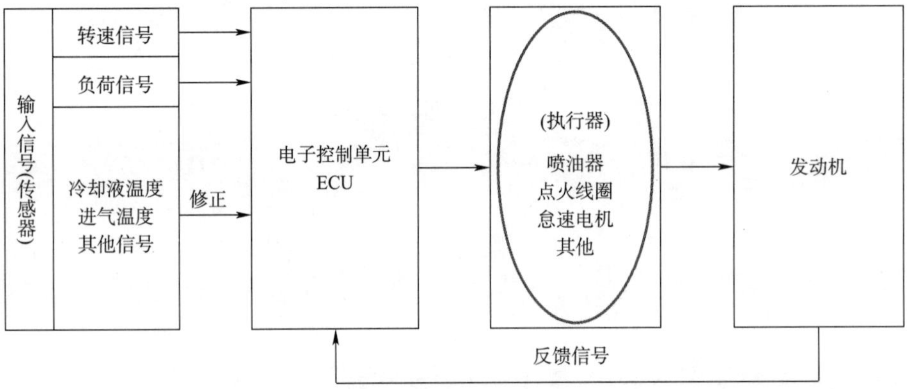

图 1-47　执行器工作原理图

一、学习准备

A. 汽车执行器是怎样分类的? 各类执行器都有哪些特点?

1. 执行器的组成

执行器由执行机构和调节机构两个部分组成,执行器按能源可分为气动执行器、电动执行器和液压执行器,前两种如图 1-48 和图 1-49 所示。

图1-48　气动执行器

图1-49　电动执行器

2. 三种执行器的特点

三种执行器在结构、体积和工作特性等方面的比较，如表1-5所示。

三种执行器工作特点　　表1-5

比较内容	气动执行器	电动执行器	液压执行器	比较内容	气动执行器	电动执行器	液压执行器
结构	简单	复杂	简单	维护检修	简单	复杂	简单
体积	中	小	大	温度影响	较小	较大	较大
配线配管	较复杂	简单	复杂	制造成本	低	高	高
滞后性	大	小	小				

小词典

执行器：由执行机构和调节机构两个部分组成，各类执行器调节机构的种类和构造大致相同，主要是执行机构不同。

执行机构：是执行器的推动装置，它根据控制信号的大小，产生相应的推力，推动调节机构动作。

气动执行机构常用的有薄膜执行机构和活塞执行机构；电动执行机构由伺服放大器和执行机构两部分组成。

B. 知道了汽车执行器的作用和类型，那它们在本田雅阁轿车中安装在哪个位置呢？

动力总成上的主要执行器有：EGR电磁阀、点火线圈、换挡电磁阀、起动机、可变进气转换阀、发电机、喷油器、EVAP电磁阀、VTEC电磁阀和真空电磁阀等，这些执行器的安装位置如图1-50至图1-59所示。

图 1-50　连通进气歧管和排气管的 EGR 电磁阀

图 1-51　装在变速器上的换挡电磁阀

图 1-52　装在燃油分配管上的喷油器

图 1-53　装在汽缸盖上的点火线圈

图 1-54　装在进气歧管总成上的可变进气转换阀

图 1-55　装在曲轴飞轮后端的起动机

图 1-56　控制燃油蒸汽与进气歧管通路的 EVAP 电磁阀

图 1-57　控制 VTEC 系统液压的 VTEC 电磁阀

图 1-58　装在发动机前端的发电机

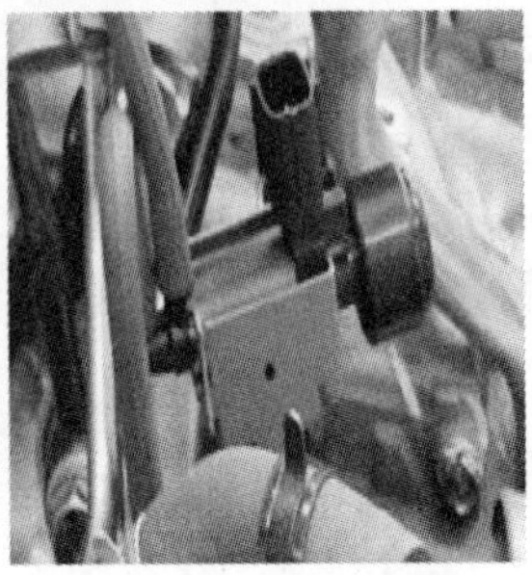

图 1-59　控制真空通断的真空电磁阀

C. 执行器在安装时有哪些注意事项？

(1)保持规定的紧固力矩；

(2)注意执行器的安装方向；

(3)执行器要轻拿轻放，防止抛摔执行器；

(4)安装某些执行器时应该采用压入的方法安装，不要用锤击的方法安装。

二、计划与实施

D. 请根据作业指导书,经小组讨论后制订一套执行器的安装计划。

(一)制定计划

(1)安全防护措施(人身、工具、零件):

(2)使用工具(工具种类及正确使用方法):

(3)安装的零件(零件名称):

(4)把小组成员分工及各执行器安装的步骤写在下面：

(二)计划实施

E. 怎样按照规定力矩将各个执行器安装到发动机机体上?

作业指导书(表1-6和表1-7)中具体描述了安装执行器使用的工具、质量标准及图示,注意事项,请认真阅读,并进行执行器的安装。

执行器安装Ⅰ　　表1-6

序号	操作内容	使用工具	质量标准及图示	操作要点及注意事项	不良现象
1	安装点火线圈	气动扳手、套筒	工艺力矩范围:6~10N·m;(图1-60和图1-61)	(1)检查点火线圈的外形是否完好; (2)采用压入的方法安装,不要用锤击的方法安装; (3)先用手将螺栓旋入安装孔3~5个螺纹深度,再用工具拧紧; (4)检查拧紧力矩是否符合力矩要求	外形破损;螺栓滑牙;力矩不符合标准
2	安装EGR电磁阀	气动扳手、套筒	工艺力矩范围:15~20N·m;(图1-62和图1-63)	(1)检查外形是否完好; (2)先用手将螺栓旋入安装孔3~5个螺纹深度,再用工具拧紧; (3)检查拧紧力矩是否符合力矩要求	外形破损;螺栓滑牙;力矩不符合标准

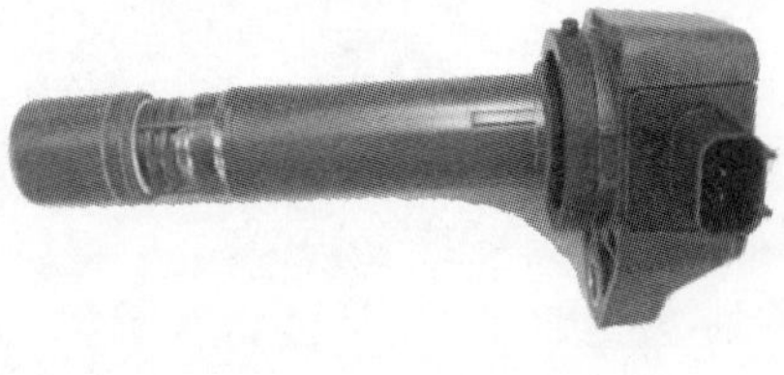

图1-60　点火线圈

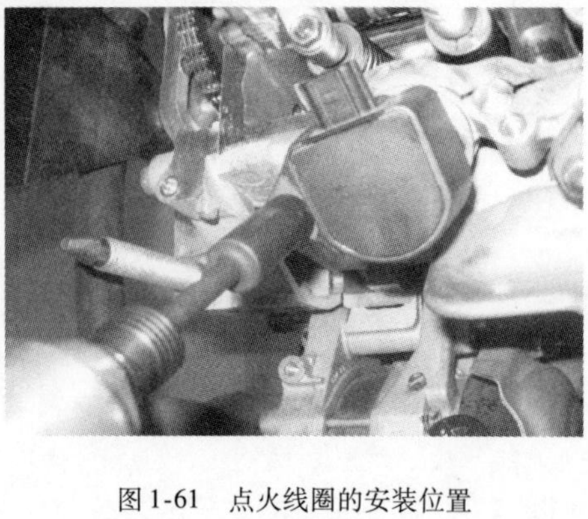

图1-61　点火线圈的安装位置

图1-62　EGR电磁阀

图1-63　EGR电磁阀的安装位置

执行器安装Ⅱ

表1-7

序号	操作内容	使用工具	质量标准及图示	操作要点及注意事项	不良现象
3	安装EVAP电磁阀	气动扳手、套筒	工艺力矩范围:6~10N·m;(图1-64和图1-65)	(1)检查EVAP电磁阀外形是否完好; (2)注意其安装方向; (3)先用手将螺栓旋入安装孔3~5个螺纹深度,再用工具拧紧; (4)检查拧紧力矩是否符合力矩要求	外形破损;安装方向不对;螺栓滑牙;拧紧力矩不符合标准
4	安装真空电磁阀	气动扳手、套筒	工艺力矩范围:6~10N·m;(图1-66和图1-67)	(1)检查外形是否完好; (2)注意其安装方向; (3)先用手将螺栓旋入安装孔3~5个螺纹,再用工具拧紧; (4)检查是否符合力矩要求	外形破损;安装方向不对;螺栓滑牙;拧紧力矩不符合标准

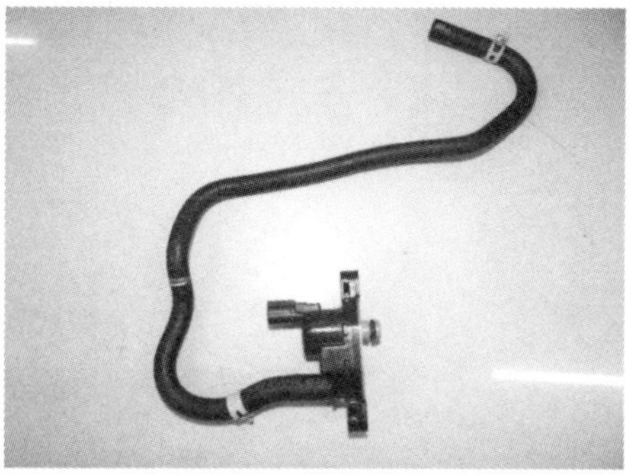

图1-64　EVAP电磁阀

图1-65　EVAP电磁阀的安装位置

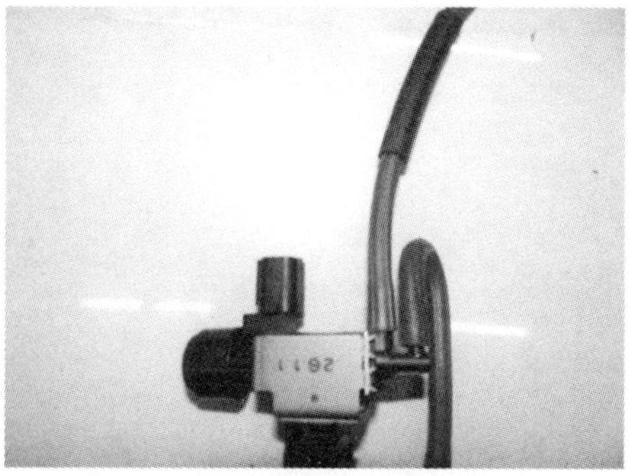

图1-66　真空电磁阀

图1-67　真空电磁阀的安装位置

三、评价反馈

F. 学习完本任务后，请思考并完成以下问题。

(1)为什么汽车上很少使用液压执行器？

(2)在本田雅阁轿车的动力总成中，你可以指出多少个执行器的安装位置？

(3)请根据参考资料，对安装好的执行器进行检查。

①检查执行器外观(是否完整无缺损)；

②检测执行器紧固力矩(不同执行器力矩不同)是否符合标准。

自我评价等级:优　　　良　　　中　　　合格　　　不合格

小组评价等级:优　　　良　　　中　　　合格　　　不合格

教师总体评价:

年　　月　　日

任务4　动力总成线束的安装

⇨ 任务目标(建议学时:6学时)

完成本任务学习后,你应当能:

1. 叙述线束的作用和分类,识别各分线束的安装位置;
2. 根据作业指导书,在教师的指导下,完成线束的安装;
3. 在装配完成后,能独立或小组检验线束的装配品质。

⇨ 任务描述

汽车线束是汽车电路的网络主体,没有线束也就不存在汽车电路。随着人们对汽车的安全性、舒适性、经济性和排放性要求的提高,动力总成的电路变得越来越复杂。但限于车身的空间,能给予电路的空间却越来越小。如何提高汽车电路的综合性能设计便成为关注的焦点,线束便因此而诞生,如图1-68所示。请按照教师的要求,进行动力总成线束的装配并对装配品质进行检验。

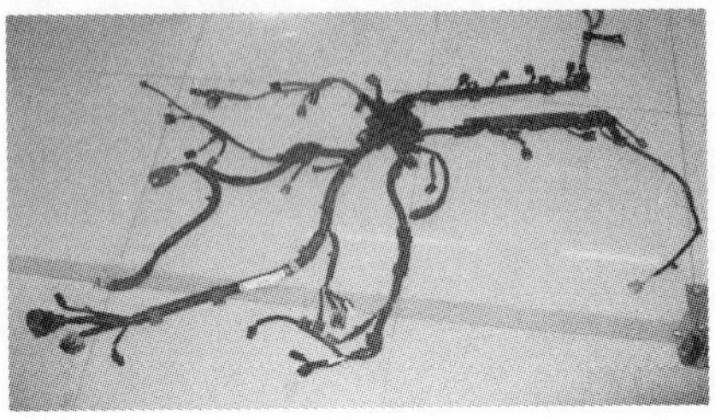

图1-68　动力总成线束

一、学习准备

A. 随着科学技术的发展,越来越多的电控技术应用在动力总成上导致其电线也越来越多,线束也因此应运而生。那么,线束有什么作用?又由什么组成?

1. 线束的功用

线束是为了使线路便于识别,安装和维修,用绝缘材料将电线包扎成束保护导线不被侵蚀和磨损。

2. 线束的组成

线束由导线、接线端子、绝缘材料和插接器组成。

小词典

汽车线束:从功能上来分,有运载驱动执行元件的电力线和传递传感器输入指令的信号线两种。电力线是运送大电流的粗电线,而信号线是传输信号的细电线。信号电路用的导线横截面积为0.3mm^2或0.5mm^2;电机和执行元件用的导线横截面积分别为0.85mm^2和1.25mm^2;特殊电路(起动机、交流发电机、发动机接地线)用的导线横截面积为8mm^2、10mm^2、15mm^2。

B. 汽车上除了动力总成线束还有其他的线束吗?

汽车线束一般由动力总成线束、仪表板线束、车身线束、门线束和前围线束组成。

(1)动力总成线束连接动力总成上的各种传感器和执行器,围绕在动力总成的周围。

(2)仪表板线束与车身或者底盘线束连接,沿着管梁行走连接仪表板上的各种电器件如组合仪表、空调开关、多媒体设备、点烟器等。

(3)车身线束一般是从驾驶室的左侧贴着地板行走,连接油箱传感器和后尾灯。

(4)门线束连接门内板上的所有电器件,如中控锁,玻璃升降器,扬声器等。

(5)前围线束沿着翼子板和前保险杠骨架连接前围的电器件,如侧转向灯和前组合灯,喇叭、电子风扇等。

C. 动力总成线速上有很多扎带和胶钉,它们的作用是什么?

动力总成线束分一根整体线束,其上又分为若干分支,它们与连接到车辆的电源或其他用电设备形成一个完整的系统。而扎带和胶钉可以将线束固定在动力总成上,使线束与任何金属件干涉处均得到保护。

知识拓展

1. 插接器的表示方法

插接器的表示方法如图 1-69 所示。

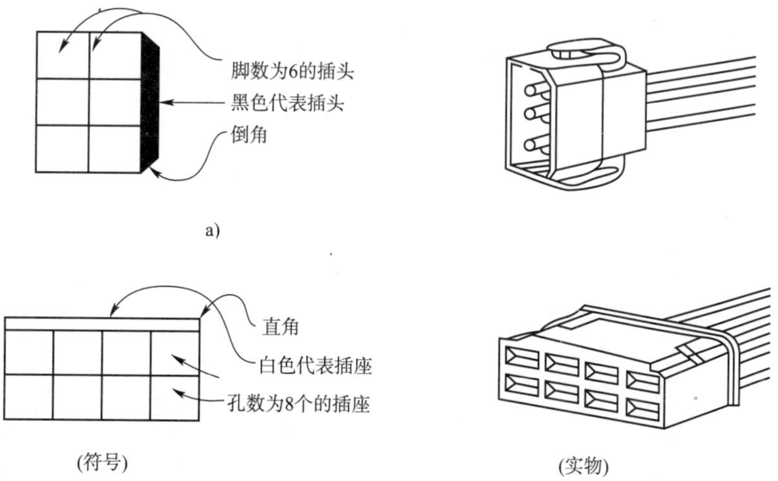

图 1-69　插接器的表示方法

2. 插接器的识别

插接器的识别如图 1-70 所示。

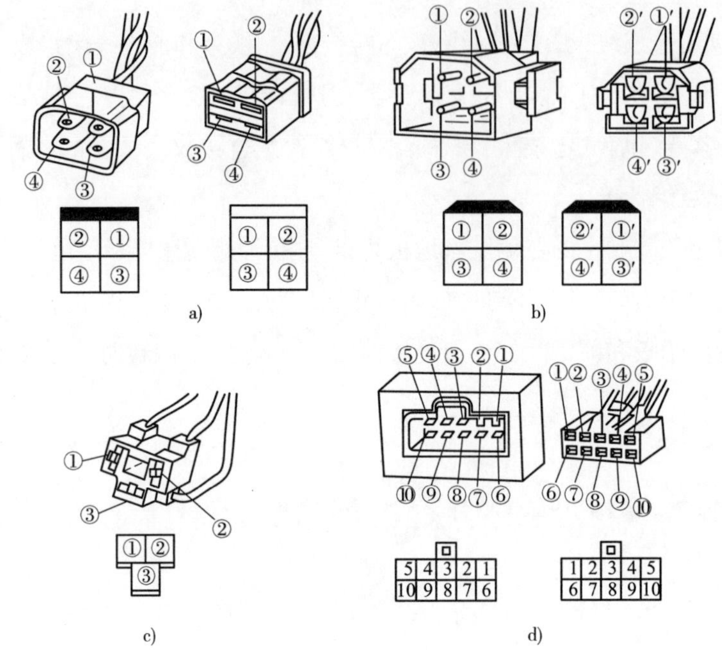

图 1-70　插接器的识别

3. 插接器的拆装方法

插接器的拆装方法如图 1-71 至图 1-74 所示。

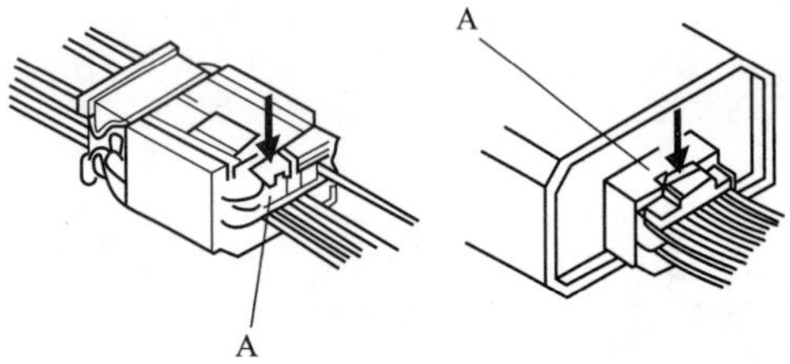

图 1-71　插接器拆装方法(一)

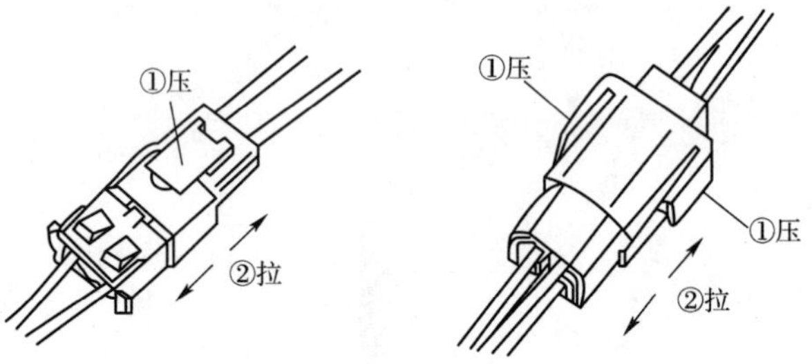

图 1-72　插接器拆装方法(二)

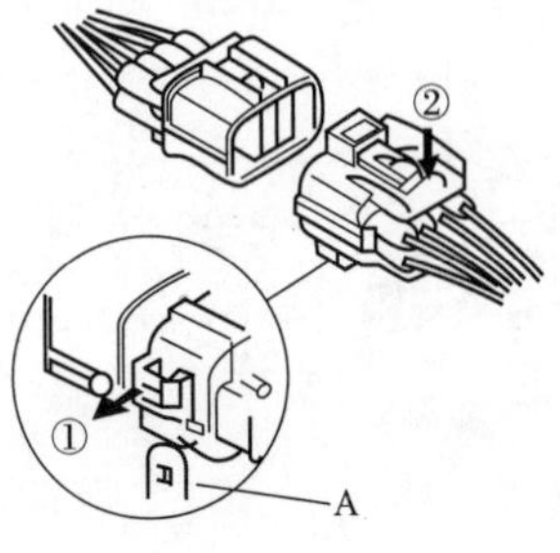

图 1-73　插接器拆装方法(三)

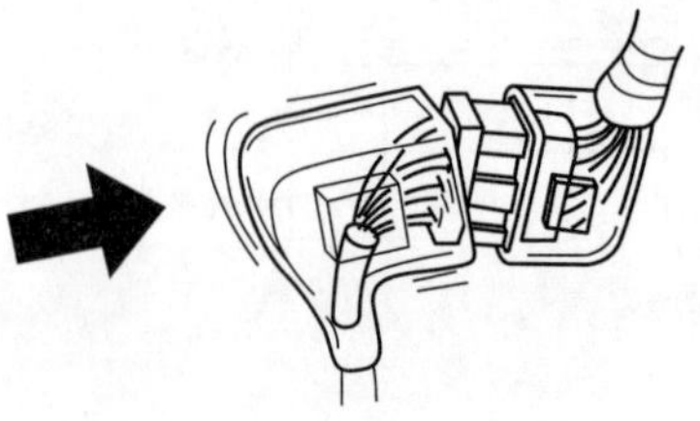

图 1-74　插接器拆装方法(四)

二、计划与实施

D.请根据参考资料，小组讨论制订动力总成线束的安装计划。

(一)制定计划

(1)安全防护措施(人身、工具、零件)：

(2)使用工具(工具种类及正确使用方法)：

(3)安装的零件(零件名称)：

(4)把小组成员分工及动力总成线束安装的步骤写在下面:

(二)计划实施

E. 怎样才能按照规定力矩将动力总成线束安装到机体上?

作业指导书(表1-8~表1-10)中具体描述了安装总成线束使用的工具、质量标准及图示,注意事项,请认真阅读,并进行线束的安装。

动力总成线束安装Ⅰ

表1-8

序号	操作内容	使用工具	质量标准及图示	操作要点及注意事项	不良现象
1	安装主线束固定螺栓	手工操作	工艺力矩范围:10~15N·m;(图1-75至图1-78)	(1)理顺各分线束,检查各部分是否完整无损; (2)注意螺栓的安装位置; (3)先用手将螺栓旋入安装孔3~5个螺纹,再用工具拧紧; (4)检查是否是符合紧固力矩要求	外形缺损;安装位置不对;螺栓滑牙;紧固力矩不符合标准
2	安装点火线圈分线束	手工操作	工艺力矩范围:6~10N·m;(图1-79和图1-80)	(1)理顺分线束,检查各部分是否完整无损; (2)预固定点火线圈分线束; (3)先用手将螺栓旋入安装孔3~5个螺纹,再用工具拧紧; (4)检查是否是符合紧固力矩要求	外形缺损;螺栓滑牙;线束松紧不合适;力矩不符合标准
3	安装发电机和空调离合器分线束	手工操作	工艺力矩范围:6~10N·m;插接到位;(图1-81至图1-85)	(1)理顺分线束,检查各部分是否完整无损; (2)将线束安装在胶钉的固定位置; (3)检查胶钉和插接器安装是否符合要求	外形缺损;线束松紧不合适;紧固力矩不符合标准;胶钉或插接器安装不到位

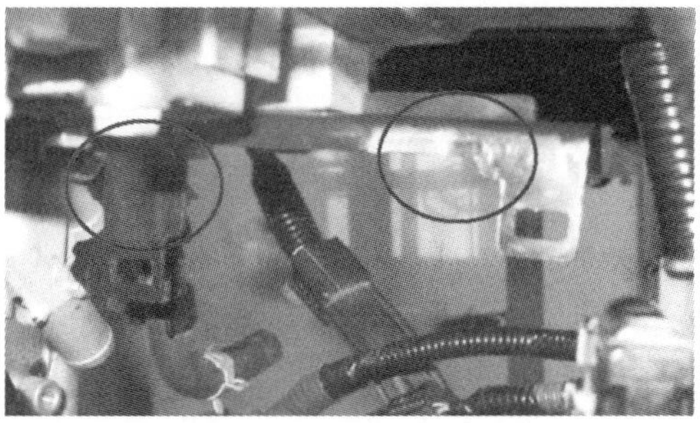

图1-75　主线束安装支架

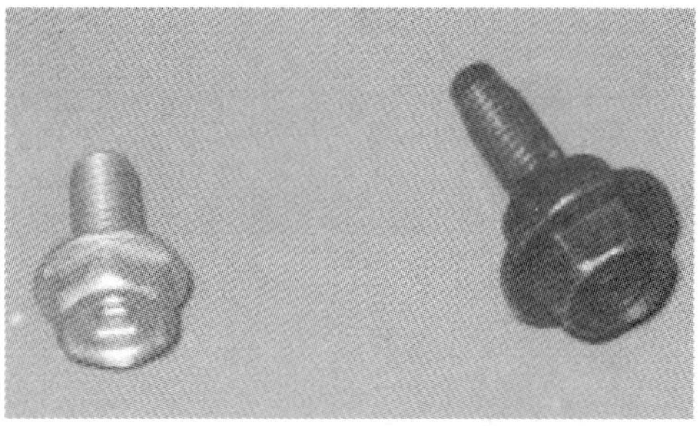

图1-76　主线束固定及搭铁螺栓

图1-77　主线束

图1-78　主线束的安装位置

图1-79　点火线圈分线束

图1-80　点火线圈分线束的安装位置

图1-81　发电机和空调压缩机线束固定

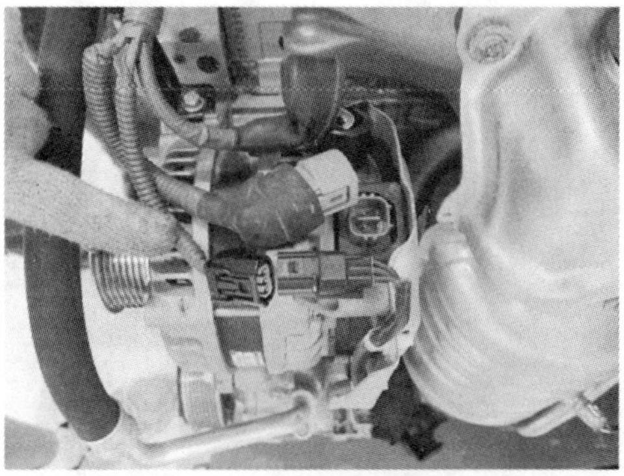

图1-82　发电机和空调压缩机线束的连接

动力总成线束安装Ⅱ　　表1-9

序号	操作内容	使用工具	质量标准及图示	操作要点及注意事项	不良现象
4	安装喷油器、凸轮轴转速传感器分线束	手工操作	工艺力矩范围：10～15N·m；插接到位；（图1-83至图1-85）	（1）理顺分线束，检查各部分是否完整无损； （2）插接器安装是否符合要求； （3）检查是否符合紧固力矩要求	外形缺损；线束松紧不符合标准；插接器安装不到位
5	安装VTEC和进气可变电磁阀分线束	手工操作	插接到位；（图1-86）	（1）理顺分线束，检查各部分是否完整无损； （2）将线束安装在胶钉的固定位置； （3）检查胶钉和插接器安装是否符合要求	外形缺损；线束松紧不符合标准；胶钉或插接器安装不到位
6	安装节气门、EVAP电磁阀、可变进气转化阀和水温传感器分线束	手工操作	插接到位；（图1-87至图1-89）	（1）理顺分线束，检查各部分是否完整无损； （2）将线束安装在胶钉的固定位置； （3）检查胶钉和插接器安装是否符合要求	外形缺损；线束松紧不符合标准；胶钉或插接器安装不到位

图1-83　喷油器分线束的安装位置

图1-84　喷油器分线束的安装

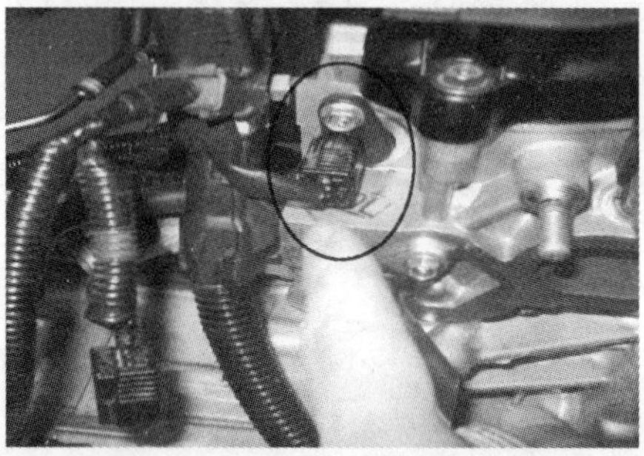
图1-85　凸轮轴转速传感器分线束

图1-86　VTEC和进气可变电磁阀分线束固定

图1-87　节气门位置传感器分线束

图1-88　EVAP电磁阀和可变进气转化阀分线束

图1-89　水温传感器分线束

动力总成线束安装Ⅲ　　表1-10

序号	操作内容	使用工具	质量标准及图示	操作要点及注意事项	不良现象
7	安装起动机、爆震传感器和曲轴转速传感器分线束	手工操作	插接到位；（图1-90至图1-92）	（1）理顺分线束，检查各部分是否完整无损； （2）将线束安装在胶钉的固定位置； （3）检查胶钉和插接器安装是否符合要求	外形缺损；线束松紧不符合标准；胶钉或插接器安装不到位
8	安装EGR电磁阀、机油压力传感器和氧传感器分线束	手工操作	插接到位；（图1-93和图1-94）	（1）理顺分线束，检查各部分是否完整无损； （2）将线束安装在胶钉的固定位置； （3）检查胶钉和插接器安装是否符合要求	外形缺损；线束松紧不符合标准；胶钉或插接器安装不到位
9	安装变速器分线束	手工操作	插接到位；（图1-95和图1-102）	（1）理顺分线束，检查各部分是否完整无损； （2）将线束安装在胶钉的固定位置； （3）检查胶钉和插接器安装是否符合要求	外形缺损；线束松紧不符合标准；胶钉或插接器安装不到位

图1-90　起动机分线束固定

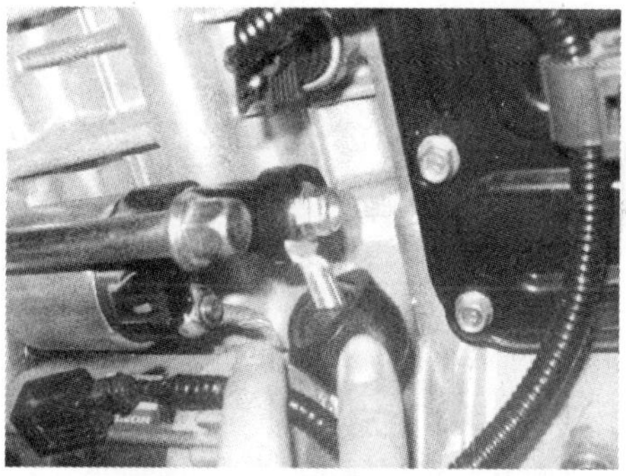

图1-91　发动机及爆震传感器分线束

图1-92　曲轴转速传感器分线束

图1-93　EGR电磁阀分线束

图 1-94　氧传感器及油压传感器线束固定

图 1-95　变速器分线束

图 1-96　变速器分线束固定

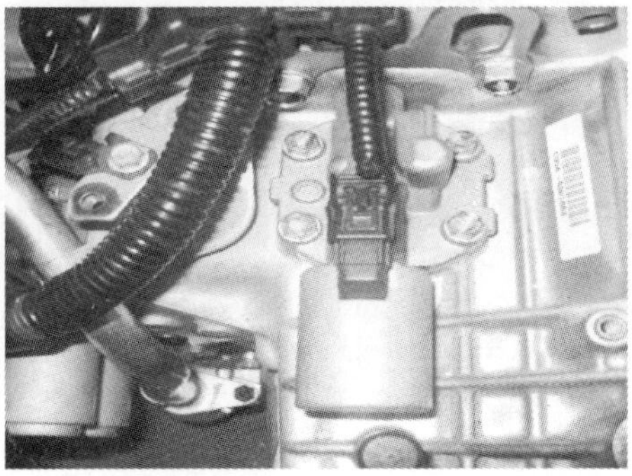

图 1-97　换挡电磁阀分线束

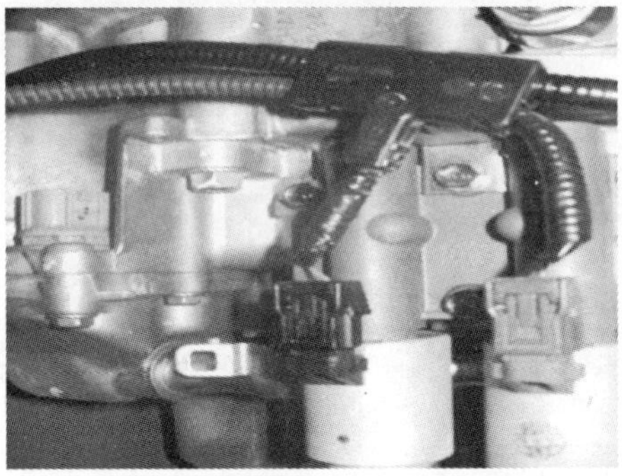

图 1-98　换挡电磁阀分线束固定

图 1-99　变速器上部分线束

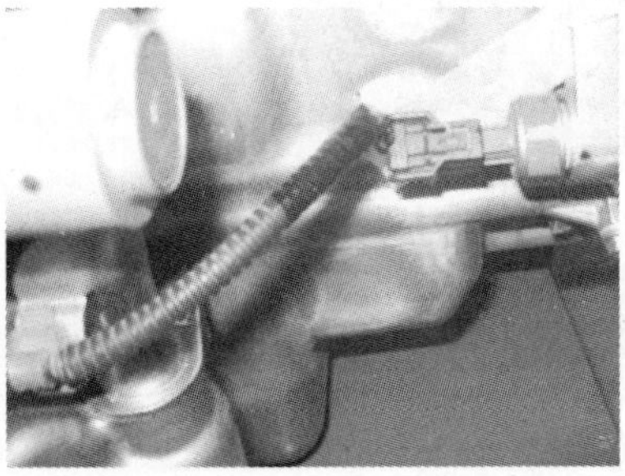

图 1-100　变速器下部分线束

图 1-101　变速器输入传感器分线束

图 1-102　变速器输出传感器分线束

三、评价反馈

F. 学习完本任务后，请思考并完成以下问题。

在本田雅阁轿车的动力总成中，你能够指出多少个分线束的安装位置？

自我评价等级：优　　良　　中　　合格　　不合格

小组评价等级：优　　良　　中　　合格　　不合格

教师总体评价：

年　月　日

项目2　汽车前悬架总成安装

项目目标(建议学时:18学时)

完成本项目学习后,你应当能:

1. 识别汽车前悬架总成各组成零件。
2. 根据参考资料,找出汽车前悬架总成各组成零件的安装位置。
3. 根据作业指导书,完成汽车前悬架总成的装配。
4. 在装配完成后,能独立或小组检验装配品质。

项目概述

悬架与发动机、变速器称为汽车三大主要部件,是汽车的车身与车轮之间一切传边连接装置的总称。发动机前置的乘用车,前悬架除了起到承载和减振作用外,还要实现前轮转向的功能。在汽车生产中,前悬架总成装配是汽车制造过程中的重要环节之一,虽然不同类型的汽车结构与装配工艺有所不同,但各类汽车装配线的基本构成与装配原理却大同小异。本文以家庭用三厢轿车为例,帮助学生了解汽车前悬架总成的装配知识,熟悉汽车的生产装配流程,同时提升学生学习的兴趣,培养良好的职业素养。

汽车前悬架总成装配主要内容包括2个任务:任务1 汽车转向器的安装;任务2 汽车前悬架的安装。

任务 1　汽车转向器的安装

⇨ 任务目标（建议学时:6 学时）

完成本任务后，你应当能：

1. 了解转向器的基本组成、构造和一般原理；
2. 根据作业指导书，在教师指导下，完成转向器的安装；
3. 在装配完成后，能独立或小组检验转向器的装配品质。

⇨ 任务描述

保证汽车行驶的安全性主要是制动是否及时，转向盘抓得是否稳；汽车行驶过程中要保持行驶路线离不开频繁转向，为满足这方面的要求，汽车必须装有转向器，本任务要求按照生产线装配工艺的要求，进行转向器的装配，并对装配品质进行检测。

一、学习准备

A. 你能识别转向器的类型吗？转向器的安装位置在哪里？

（1）汽车常用的转向器有循环球式和齿轮齿条式两种，如图 2-1 所示。一般中小型汽车采用齿轮齿条式转向器，自身质量重的汽车采用循环球式转向器。本田雅阁汽车采用带液压助力的齿轮齿条式转向器。

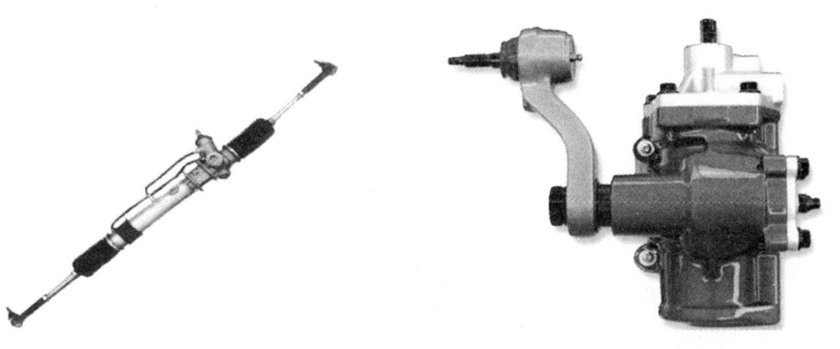

a)齿轮齿条式转向器　　b)循环球式转向器

图 2-1　两种转向器

（2）我国汽车采用左侧驾驶，所以转向器的输入端都设置在汽车的左侧，而前轮作为转向轮，一般转向器置于两前轮中间，具体的布置如图 2-2 所示。

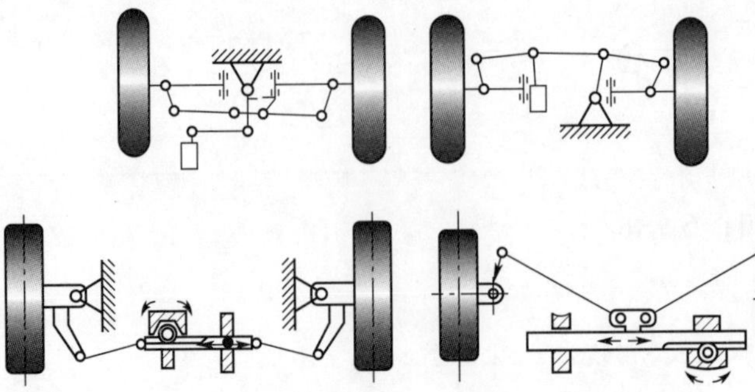

图2-2　转向传动布置形式

小词典

齿轮齿条式转向器：齿轮随转向盘转动输入，齿条为左右移动输出。一般转向盘的转动圈数为2.8圈左右。

循环球式转向器：转动输入，摆动输出。一般转向盘的转动圈数为6.5圈左右。

B. 驾驶员转动转向盘，实现前轮偏转角度，主要靠什么改变运动方式？

齿轮齿条是转向器的一种结构，转向输入轴是齿轮轴（只可转动，不可平移），与它啮合的是一根齿条，通过齿轮向左或向右转动，实现齿条的左右移动，带动转向节偏转，车轮也跟着偏转，如图2-3所示。

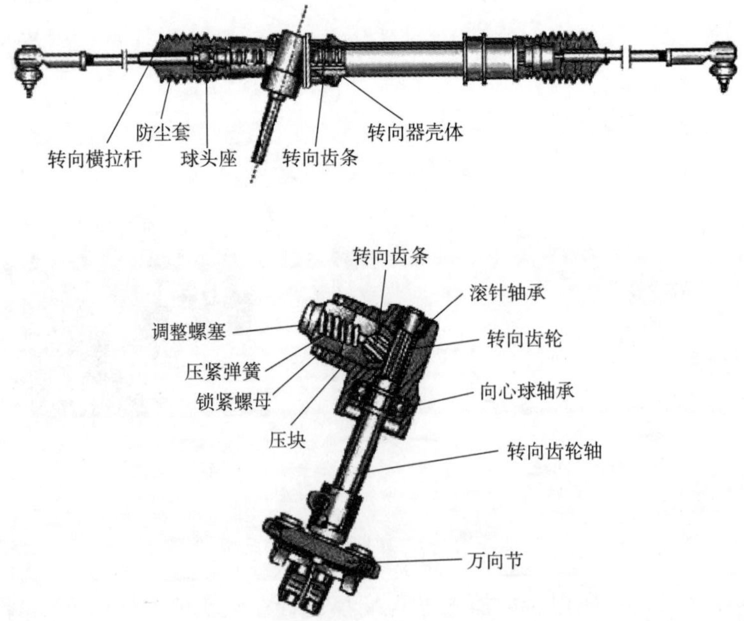

图2-3　齿轮齿条式转向器工作原理图

C. 为什么发动机未起动时转向盘很沉重,发动机起动以后转动转向盘很省力?

转向系统在工作过程中,未起动发动机时,车轮偏转主要是靠齿轮带动齿条的纯机械传递力,所以感觉很沉重;起动发动机后,车轮偏转主要是靠液压助力装置传递力,机械装置只负责控制液压油路流向,所以转动转向盘很容易。

例如,左转向时,通过转向阀的分配,高压油进入油缸的左腔,齿条向右移动,推动转向节向左偏转,如图2-4所示。

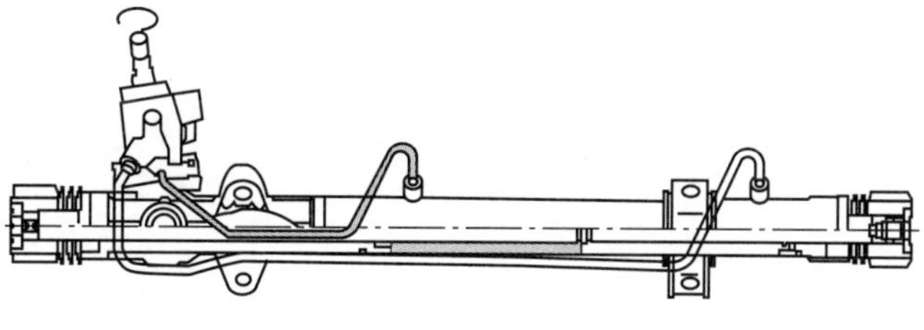

图2-4 左转向液压助力工作原理

例如,右转向时,通过转向阀的分配,高压油进入油缸的右腔,齿条向左移动,推动转向节向右偏转,如图2-5所示。

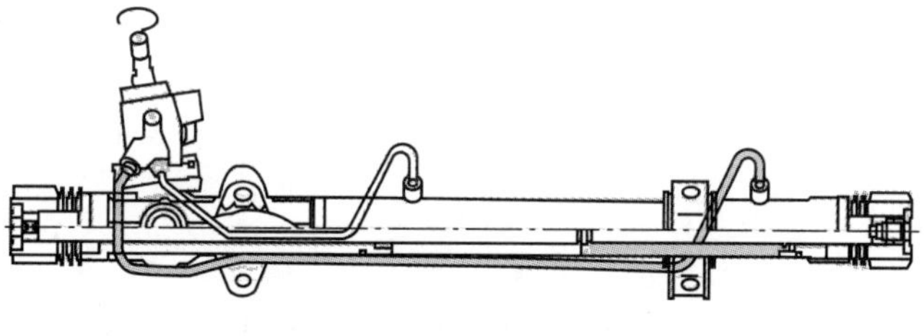

图2-5 右转向液压助力工作原理

知识拓展

转向系角传动比

转向系角传动比为转向盘和同侧转向轮转向角度之比,即转向器角传动比与转向机构角传动比之积,现代汽车中,转向机构传动比一般在(0.85~1.1)之间,而货车转向器角传动比和轿车一般在(16~32)和(12~20)之间,故而货车和轿车汽车转向系的角传动比一般在(13.6~35.2)和(10.2~24.2)之间。

二、计划与实施

D. 在总装车间内,你的岗位是底盘前悬装配,请按照汽车生产工艺流程,根据相关参考资料,制订一套转向器的安装计划。

(一)制定计划

(1)安全防护措施(人身、工具、零件):

(2)使用工具(工具种类及正确使用方法):

(3)安装的零件(零件名称):

(4)把小组成员分工及转向器安装的步骤写在下面:

(二)实施计划

E. 怎样才能按照规定力矩将转向器安装到机体上?

作业指导书(表2-1至表2-4)中具体描述了安装转向器使用的工具、安装的质量标准及图示,还有注意事项,请认真阅读,并参照表进行转向器的安装。

1. 安装转向器座

安装转向器底座　　表2-1

序号	操作内容	使用工具	质量标准及图示	操作要点及注意事项	不良现象
1	将转向器底座放到前副车架上			对准装配孔位	
2	用气动扳手预紧螺栓②③	气动扳手	工艺力矩范围:58.8～68.6N·m(图2-6)	预紧螺栓时,套筒应完全套入螺栓与孔位垂直后再进行预紧,用气动扳手预紧螺栓,避免螺栓紧贴	螺栓滑牙
3	用扭力扳手确认螺栓②③力矩	扭力扳手	工艺力矩范围:58.8～68.6N·m 定值:63.7N·m(图2-7)	套筒应完全套入螺栓与孔位,施加扭力听到"咔哒"声; 注意:大扭力作业防止扭伤手腕	螺栓松动;力矩不符合标准

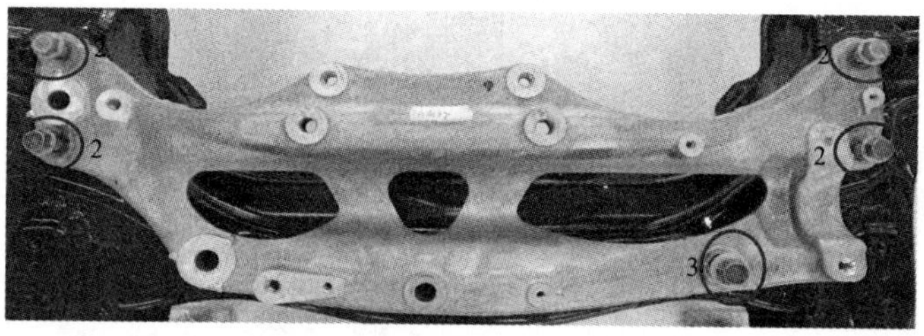

图2-6　转向器底座预紧螺栓位置

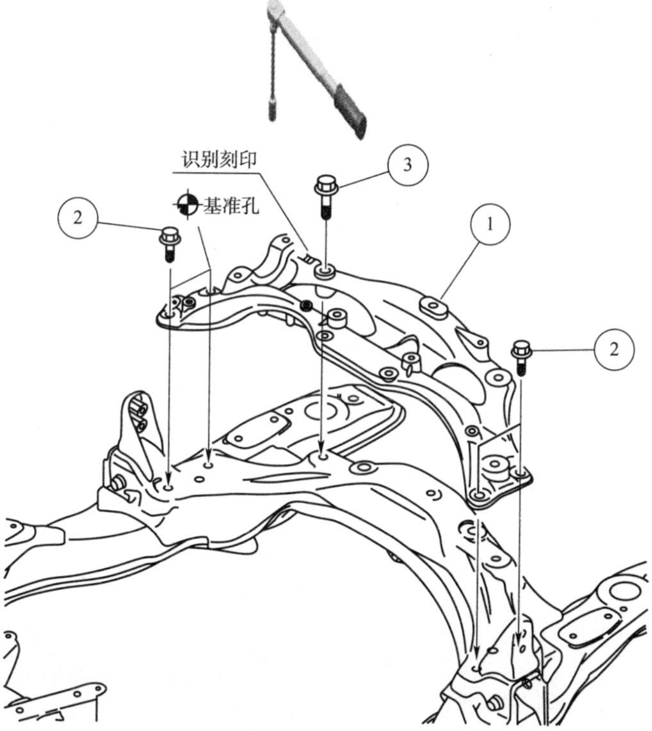

图2-7　转向器底座螺栓扭力确认

2. 转向器的预装配

先对转向器垫片及转向器定位。作业指导书(表2-2)中具体描述了预装配转向器的质量标准及图示、操作要点及注意事项,请认真阅读,并进行转向器的预装配。

安装转向器 表2-2

序号	操作内容	使用工具	质量标准及图示	操作要点及注意事项	不良现象
1	安装转向器垫圈		(图2-8)	对准垫圈与底座的孔位	偏位
2	转向器型号确认及安装定位		规格确认	安装时,注意确认车型,安装前确认方向机两侧防尘套是否有凹陷或破损	型号错装

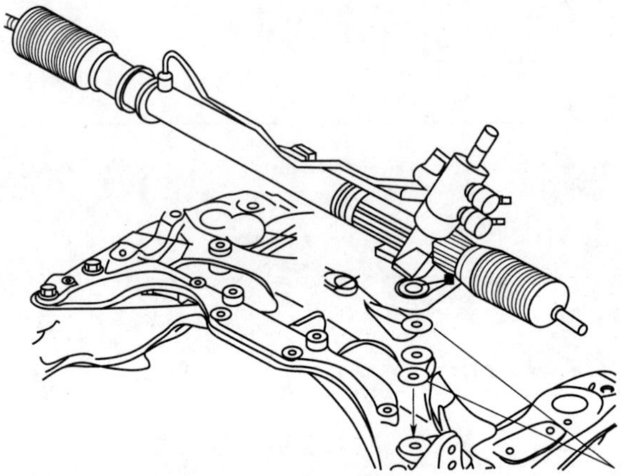

图2-8 转向器垫片放置

3. 转向器左侧支架安装

作业指导书(表2-3)中具体描述了安装转向器左侧支架使用的工具、质量标准及图示、操作要求及注意事项,请认真阅读,并进行左侧支架的安装。

转向器左侧支架螺栓紧固 表2-3

序号	操作内容	使用工具	质量标准及图示	操作要点及注意事项	不良现象
1	支架规格确认				
2	预装转向器左侧支架螺栓②	气动扳手	工艺力矩范围:69.6~77.4N·m(图2-9)	螺栓②要完全穿出转向器和转向器垫圈;紧固螺栓时,套筒应完全套入螺栓后再进行预紧固	紧固力矩不符合标准;螺栓滑牙
3	用风扳紧固支架螺栓③	气动扳手	工艺力矩范围:53.9~63.7N·m	螺栓③要完全穿出转向器和转向器垫圈;紧固螺栓时,套筒应完全套入螺栓后再进行预紧固	紧固力矩不符合标准;螺栓滑牙
4	用风扳紧固支架螺栓②	气动扳手	工艺力矩范围:69.6~77.4N·m	螺栓②要完全穿出转向器和转向器垫圈;紧固螺栓时,套筒应完全套入螺栓后再进行预紧固	紧固力矩不符合标准;螺栓滑牙

4. 转向器右侧支架安装

作业指导书(表2-4)中具体描述了安装转向器右侧支架使用的工具、质量标准及图示、操作要求及注意事项,请认真阅读,并进行右侧支架的安装。

转向器右侧支架螺栓紧固　　表2-4

序号	操作内容	使用工具	质量标准及图示	操作要点及注意事项	不良现象
1	安装转向器右侧支架		无咬边	支架与橡胶块的边缘要平行,橡胶块无咬边现象发生	
2	紧固支架螺栓②	气动扳手	工艺力矩范围:34.3～42.1N·m(图2-10)	紧固螺栓时风扳要垂直,避免滑牙,紧固螺栓时,套筒应完全套入螺栓后再进行紧固	螺栓滑牙

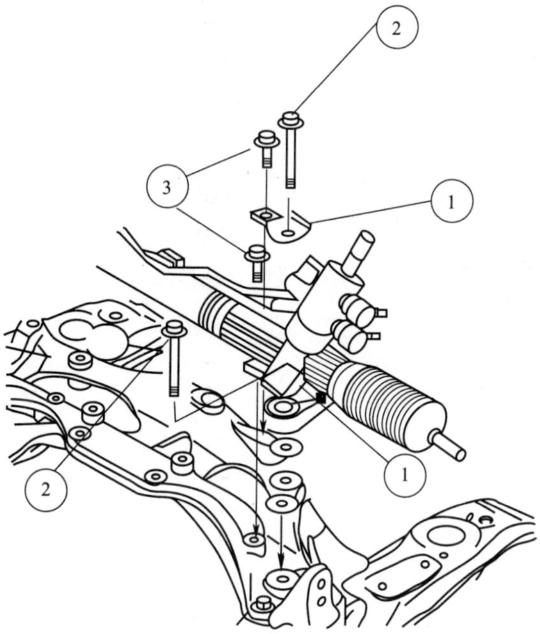

图2-9　转向器左支架安装

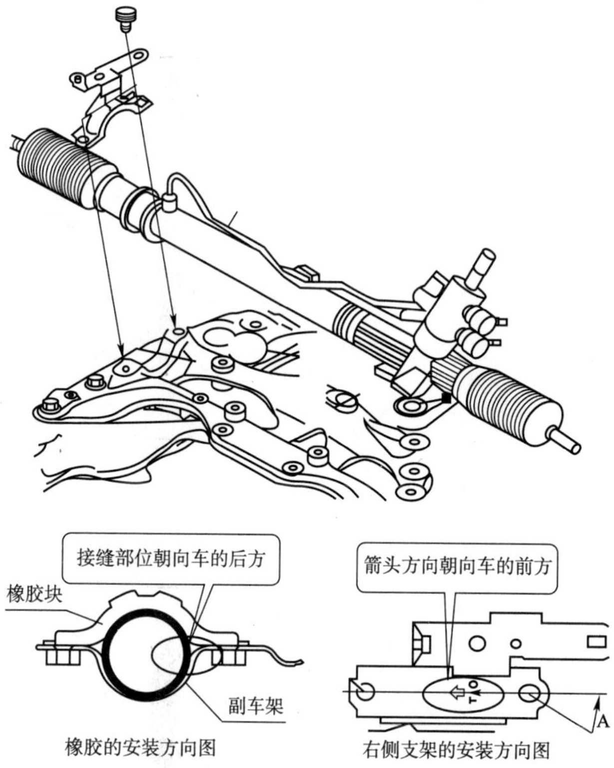

图2-10　转向器右侧支架安装

F. 请根据参考资料,对小组内安装好的汽车转向器进行装配质量检测。

检测转向器支架紧固力矩

请参照表2-5作业指导书进行转向器右侧、左侧支架螺栓紧固力矩的检测。

转向器两侧支架螺栓力矩检测　　表2-5

序号	操作内容	使用工具	质量标准及图示	操作要点及注意事项	不良现象
1	转向器右侧支架力矩检测	扭力扳手	工艺力矩范围：34.3~42.1N·m；定值：38.2N·m（图2-11）	扭力套筒完全套入螺栓后再施加扭力，直到听到"咔嚓"声	力矩偏差
2	转向器左侧支架力矩检测	扭力扳手	工艺力矩范围：安装螺栓69.6~77.4N·m；定值：73.5N·m；加强筋螺栓力矩定值：58.6N·m（图2-11）	扭力套筒完全套入螺栓后再施加扭力，直到听到"咔嚓"声；注意：因扭力比较大，防止手腕扭伤	力矩偏差

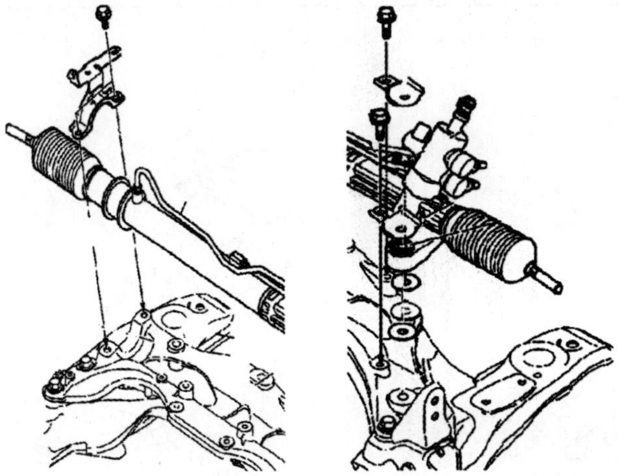

图2-11　转向器右侧、左侧支架螺栓扭力检测

三、评价反馈

G. 学习完本任务后，请思考并完成以下问题。

（1）转向器底座固定螺栓紧固力矩检测的工艺应该在什么时候进行？

(2)转向器支架橡胶衬套和支架盖安装方向应怎么区分?

(3)液压转向助力是怎样工作的?你认为液压助力和电动助力转向哪种比较好?

(4)你在该组的操作内容是什么,是否遇到装配问题,最终是怎么解决的?

(5)在上述装配任务中你认为对紧固力矩要求比较严格的螺栓有哪些?

自我评价等级:优　　良　　中　　合格　　不合格

小组评价等级:优　　良　　中　　合格　　不合格

教师总体评价:

年　　月　　日

任务2　汽车前悬架的安装

⇨ **任务目标**(建议学时:12 学时)

完成本任务学习后,你应当能:

1. 叙述汽车前悬架的基本结构;
2. 根据作业指导书,完成下摆臂与车架、前稳定杆、前后支座的安装;
3. 装配完成后,能独立或小组检验装配品质。

⇨ **任务描述**

在汽车制造工作中,汽车前悬架的安装是汽车底盘装配生产线上必不可少的一个生产环节。本任务通过认识汽车前悬架的结构,熟悉汽车底盘制造工艺的要求,学习汽车前悬架的组成、构造及总成的工作原理和安装步骤,并明确各重要部件力矩的检查方法。

请根据作业指导书要求,正确使用工具,按作业标准完成汽车前悬架的安装。

一、学习准备

A. 你能识别汽车悬架吗? 悬架有哪些组成部分?

1. 悬架类型的认识

悬架系统可分为两大类,独立悬挂和非独立悬挂。如图 2-12 所示。轿车的前悬架一般采用独立悬架,大货车的前悬架一般采用非独立悬架,我们要装配的前悬架属于独立悬架。

2. 独立前悬架

典型的前悬架有麦弗逊式、多连杆式、双叉臂式。双叉臂独立悬架,该悬架是由下叉臂、前稳定杆、上叉臂、减震器、弹簧等组成,如图 2-13 所示。

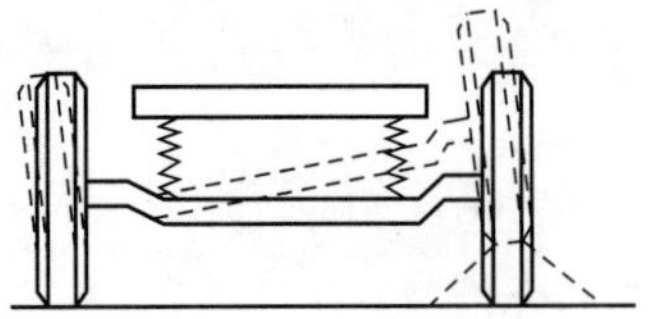

a) 非独立悬架

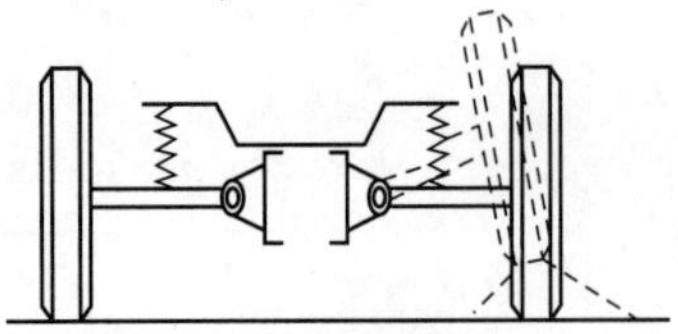

b) 独立悬架

图 2-12　悬架的类型

图 2-13　双叉臂式独立前悬架

小词典

悬架：汽车的车架与车桥或车轮之间的一切传力连接装置的总称。

麦弗逊悬架，是现在非常常见的一种独立悬架形式，大多应用在车辆的前轮。简单地说，麦弗逊式悬架的主要结构即是由螺旋弹簧、减震器以及A字形下摆臂组成。

多连杆独立悬架，可分为多连杆前悬架和多连杆后悬架系统。其中前悬架一般为三连杆或四连杆式独立悬架。

B. 汽车转向时，车身可能会向外侧倾斜，那么悬架中有没有防止车身倾斜的零件？

横向稳定杆，是汽车悬架中的一种辅助弹性元件。它的作用是防止车身在转弯时发生过大的横向侧倾。横向稳定杆是用弹簧钢制成的扭杆弹簧，形状呈“U”形，横置在汽车的前端和后端。杆身的中部，用套筒与车架铰接，杆的两端分别固定在左右悬挂上。当车身只作垂直运动时，两侧悬挂变形相同，横向稳定杆不起作用。当车身侧倾时，两侧悬挂变形不一致，横向稳定杆发生扭转，杆身的弹力成为继续侧倾的阻力，起到横向稳定的作用。如图2-14所示。

图2-14　前横向稳定杆

二、计划与实施

C. 安装前悬架应注意哪些问题？

(一)制定计划

(1)安全防护措施(人身、工具、零件):

(2)使用工具(工具种类及正确使用方法):

(3)安装的零件(零件名称):

(4)把小组成员分工及安装的步骤写在下面:

(二)实施计划

D. 怎样才能按照规定力矩将前悬架零部件安装到前副车架上?

作业指导书(表2-6至2-14)中具体描述了安装前悬架使用的工具、安装的质量标准及图示,操作要点及注意事项,请认真阅读,并进行前悬架的安装。

1. 安装左、右下叉臂

请参照表2-6进行前悬架左下叉臂安装。

左下叉臂安装　　表2-6

序号	操作内容	使用工具	质量标准及图示	操作要点及注意事项	不良现象
1	把左侧下臂安装在前悬架左侧			左侧下臂放入前悬架上。 注意:搬运注意安全	零件掉落
2	预装螺栓①②在前悬架与左侧下臂横向连接点上		预拧3个螺纹以上	扭力套筒完全套入螺栓后再施加扭力直到听到“咔嚓”声。 注意:因扭力比较大,防止手腕扭伤	螺栓掉落
3	用气动扳手紧固螺栓①到下臂连接点上	气动扳手	工艺力矩范围:83.3~93.1N·m(图2-15)	紧固螺栓时应垂直进行紧固	螺栓滑牙
4	用气动扳手紧固螺栓②	气动扳手	工艺力矩范围:59.8~67.6N·m(图2-15)	紧固螺栓时,套筒应完全套入螺栓后再进行紧固	

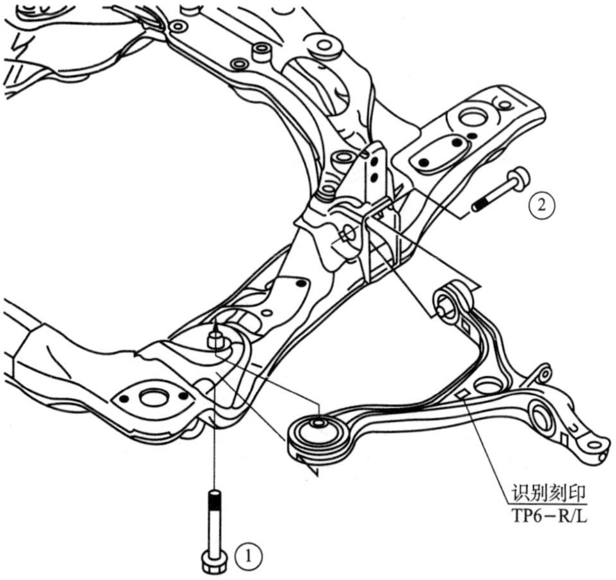

图2-15　下叉臂的安装

2. 安装前横向稳定杆

请参照表 2-7 进行前横向稳定杆安装。

前横向稳定杆安装　　表 2-7

序号	操作内容	使用工具	质量标准及图示	操作要点及注意事项	不良现象
1	取前稳定杆，放到悬架上		规格区分：标记颜色蓝色（图 2-16）	安装前必须检查前稳定杆规格	
2	前稳定杆减振胶与支架安装		安装时注意减振胶方向和油漆记在内侧和支架方向 S 向着自己（图 2-16）		位置偏差
3	紧固螺栓	气动扳手	工艺力矩范围:39.2～49N·m	两个螺栓应分次同时预紧，紧固螺栓时，套筒应完全套入螺栓后再进行紧固	螺栓滑牙

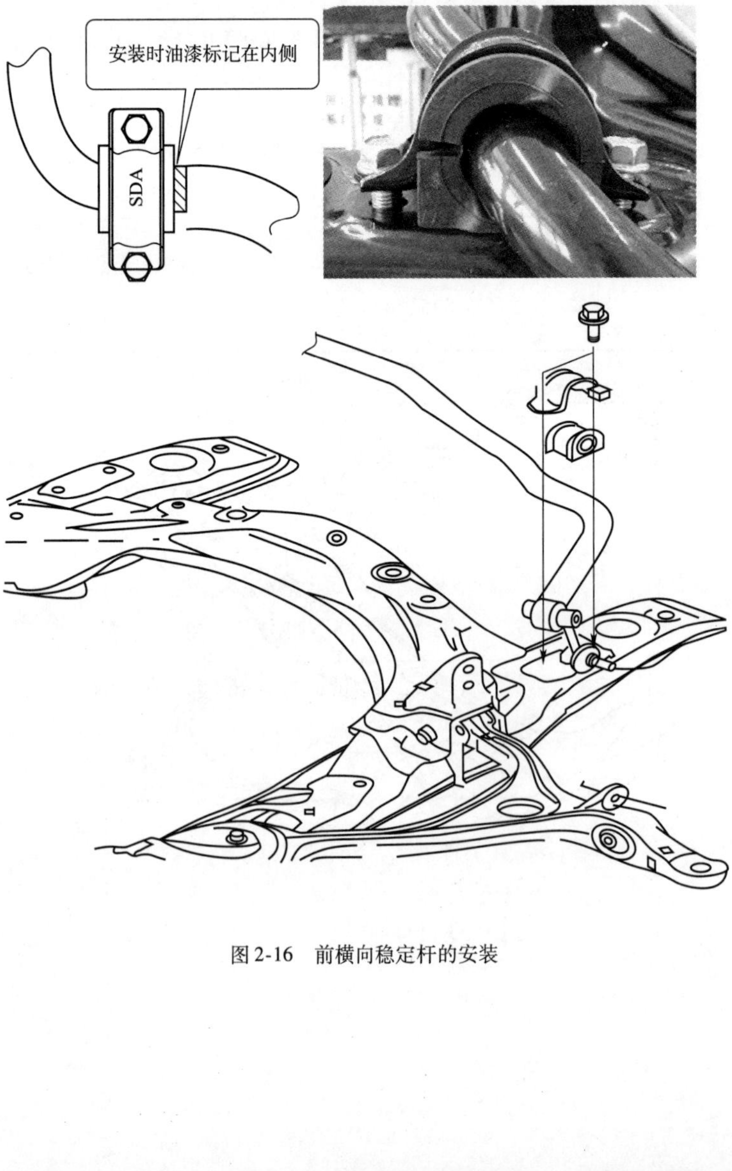

图 2-16　前横向稳定杆的安装

3. 前稳定杆与下叉臂的连接

请参照表 2-8 进行前稳定杆与下叉臂的连接。

前稳定杆与下叉臂的连接　　表 2-8

序号	操作内容	使用工具	质量标准及图示	操作要点及注意事项	不良现象
1	前稳定杆与左下臂连接,预拧螺母			用手预拧 3 个螺纹以上再进行紧固	
2	紧固螺母	气动扳手	工艺力矩范围:34.3 ~ 44.1N · m(图 2-17)	紧固螺母时,套筒应完全套入螺栓后再进行紧固	螺栓滑牙

图 2-17　前横向稳定杆与下叉臂连接

4. 安装转向油管

请参照表 2-9 进行转向油管安装。

转 向 油 管 安 装　　表 2-9

序号	操作内容	使用工具	质量标准及图示	操作要点及注意事项	不良现象
1	预紧供油管		无变形、无异物(图 2-18)	安装供油管前才拔下防尘罩,并确认供油管无变形,安装时要用手预紧到尽头	供油管变形、异物存在
2	预紧回油管;将回油管胶钉卡入转向器右侧支架上		无变形、无异物;胶钉无回弹浮起(图 2-19)	安装回油管前才拔下防尘罩,并确认回油管无变形,安装时要用手预紧到尽头; 安装回油管时注意回油管不能与转向机自带硬管有干涉,胶钉要完全卡入转向机右侧支架上,胶钉无回弹	回油管变形、异物存在;回油管与转向机硬管干涉

续上表

序号	操作内容	使用工具	质量标准及图示	操作要点及注意事项	不良现象
3	供油管支架安装		无咬边；工艺力矩范围：6.9～11.8N·m；紧固无滑牙（图2-20）	安装支架时支架要完全套住油管上橡胶；紧固螺栓时注意支架卡角要对准车身孔位；紧固螺栓时，套筒应完全套入螺栓后再进行紧固	支架咬边；螺栓滑牙；支架卡角未对准基座孔位
4	回油管支架安装		无咬边；工艺力矩范围：6.9～11.8N·m；紧固无滑牙（图2-21）	安装支架时支架要完全套住油管上橡胶；紧固螺栓时注意支架卡角要对准车身孔位；紧固螺栓时，套筒应完全套入螺栓后再进行；紧固支架安装后要整理回油管，确保回油管白点向上并且不与转向器硬管干涉	橡胶外露；螺栓滑牙；支架卡角与座孔位不对回油管与转向器硬管干涉
5	卡箍的卡紧安装		卡箍安装状态（图2-22）	紧固螺栓时注意螺栓方向与转向机平行向下安装时确认好回油管与转向机自带硬管是否干涉	间隙不良；卡箍方向错误

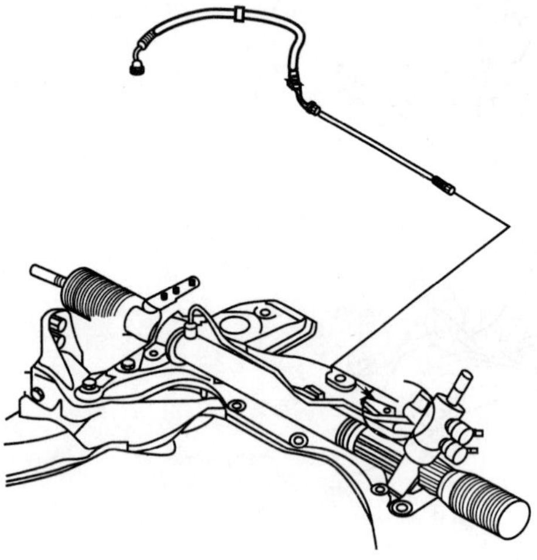

图2-18　预紧转向器供油管

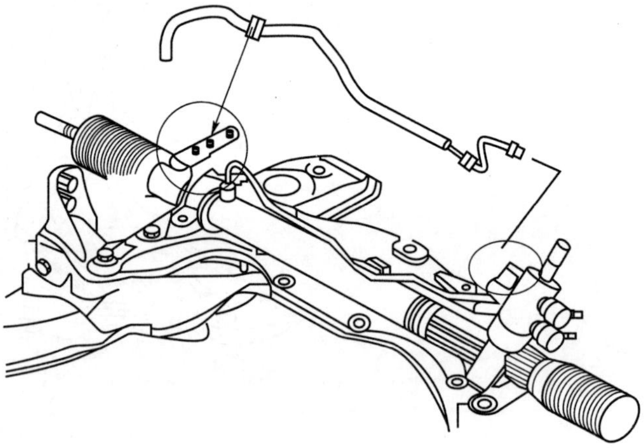

图2-19　预紧转向器回油管

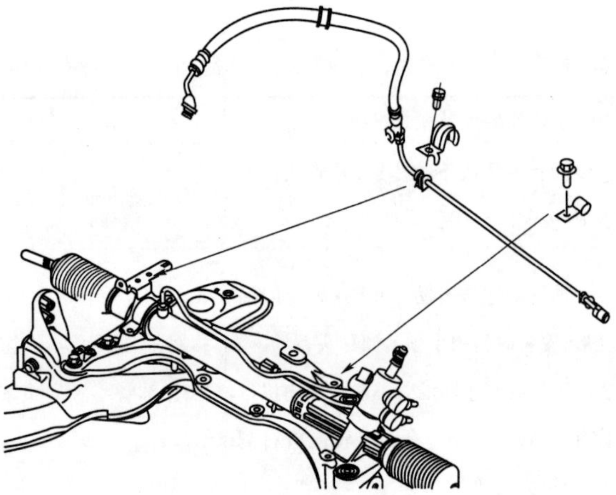

图2-20　供油管支架安装

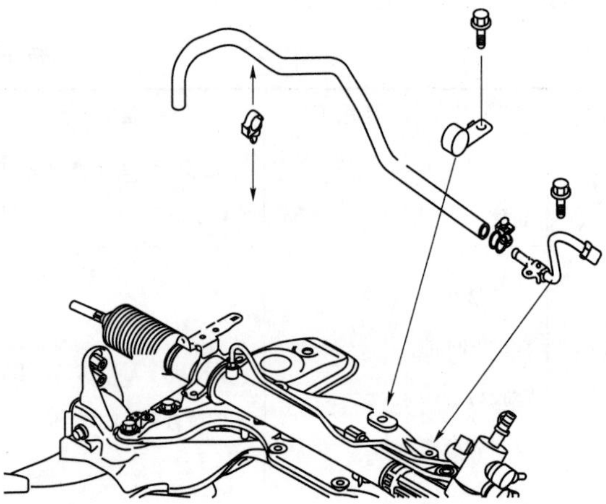

图2-21　回油管支架安装

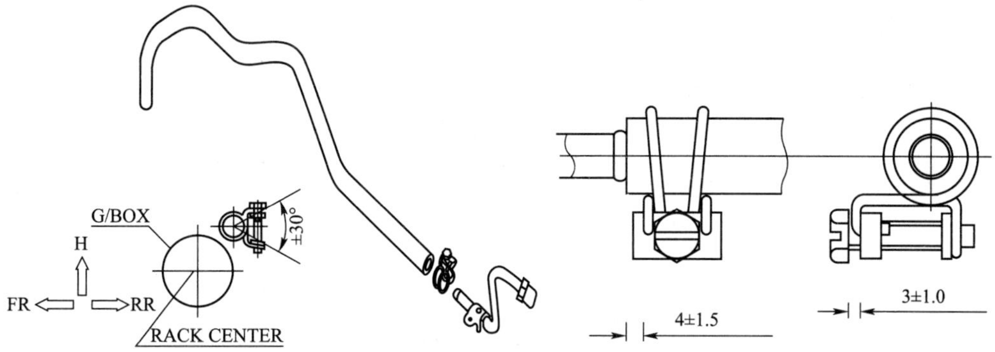

图2-22　转向油管卡箍的卡紧安装(单位:mm)

5. ATF油管安装

请参照表2-10作业指导书进行ATF油管安装。

ATF 油 管 安 装　　　　表2-10

序号	操作内容	使用工具	质量标准及图示	操作要点及注意事项	不良现象
1	安装ATF油管到前悬架上				
2	用1颗螺栓紧固ATF防撞支架	气动扳手	工艺力矩范围:9.8~13.7N·m(图2-23)	紧固螺栓时,套筒应完全套入螺栓后再进行紧固	螺栓滑牙
3	将ATF硬管支架卡入防撞支架与车架中间				
4	紧固螺栓	气动扳手	工艺力矩范围:9.8~13.7N·m 紧固无滑牙	紧固时注意油管卡角要对准悬架孔位	油管卡角与悬架孔位不对

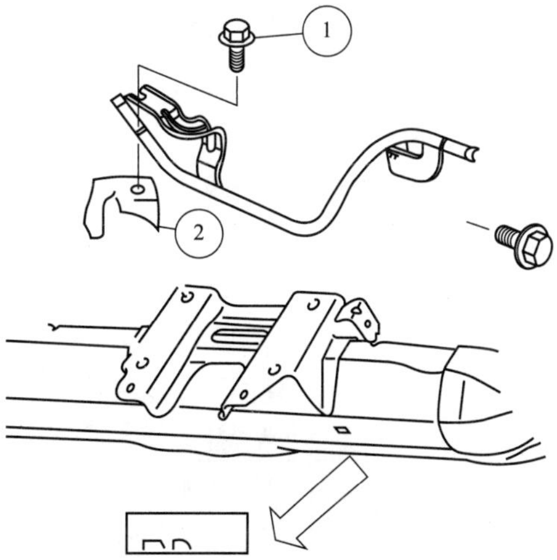

图2-23　ATF油管安装

6. 发动机前支座安装

请参照表 2-11 作业指导书进行发动机前支座安装。

发动机前支座安装 表 2-11

序号	操作内容	使用工具	质量标准及图示	操作要点及注意事项	不良现象
1	真空管安装		真空无扭曲;胶钉无浮起(图 2-24)	卡入支架时注意不能扭曲真空管听到"咔"一声	真空管扭曲;胶钉不贴
2	安装前悬子到前悬架上		规格区分:标识 4A:2.0AT	安装前悬子时不得受到冲击,取件无掉落	
3	用气动扳手预紧螺栓	气动扳手	工艺力矩范围:58.8 ~ 68.6N·m(图 2-24)	紧固螺栓时先预紧 a 处螺栓再紧固 c,b,d 处螺栓,最后再紧固 a 处螺栓	螺栓滑牙
4	用扭力扳手紧固螺栓	扭力扳手	工艺力矩定值:63.7 N·m	套筒应完全套入螺栓孔位再施加扭力,直到听到"咔哒"声	螺栓松动;力矩不符合标准

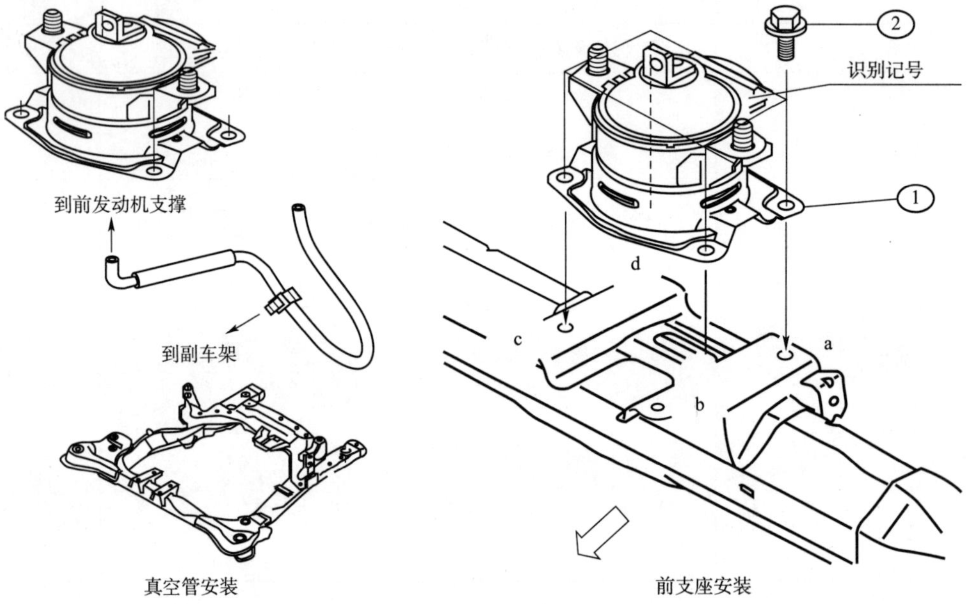

图 2-24 发动机前支座安装

7. 发动机后支座安装

请参照表 2-12 进行发动机前后座安装。

发动机后支座安装 表 2-12

序号	操作内容	使用工具	质量标准及图示	操作要点及注意事项	不良现象
1	后支座放置		标记型号	注意区分车型装配规格	规格错装
2	用气动扳手预紧螺栓②③	气动扳手	工艺力矩范围:69.6 ~ 77.4N·m(图 2-25)	预紧螺栓时,套筒应完全套入螺栓与孔位垂直后再进行预紧,用气动扳手预紧螺栓,避免螺栓紧贴	螺栓滑牙
3	螺栓②③力矩检查	扭力扳手	工艺力矩定值:73.5N·m	扭力套筒完全套入螺栓后再施加扭力,直到听到"咔嚓"声; 注意:操作时防止手腕扭伤	力矩偏差

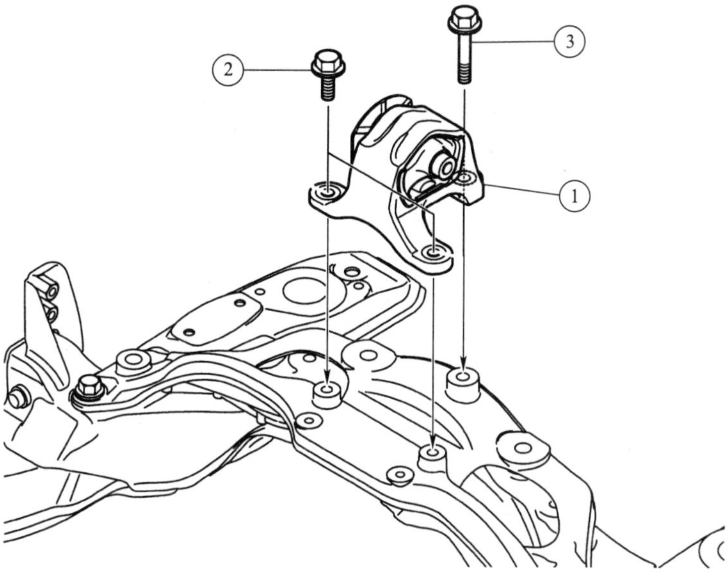

图2-25　发动机后支座安装

8. 前车身高度传感器的安装

请参照表2-13进行前车身高度传感器的安装。

前车身高度传感器的安装　　表2-13

序号	操作内容	使用工具	质量标准及图示	操作要点及注意事项	不良现象
1	安装前车身高度传感器		(图2-26)	安装前车身高度传感器时车高卡角一定要与下臂定位孔配合	
2	紧固螺栓	气动扳手	工艺力矩范围:6.9~11.8N·m;紧固无滑牙	紧固螺栓时,套筒应完全套入螺栓后再进行紧固	车身高度传感器卡角与车身孔位不对

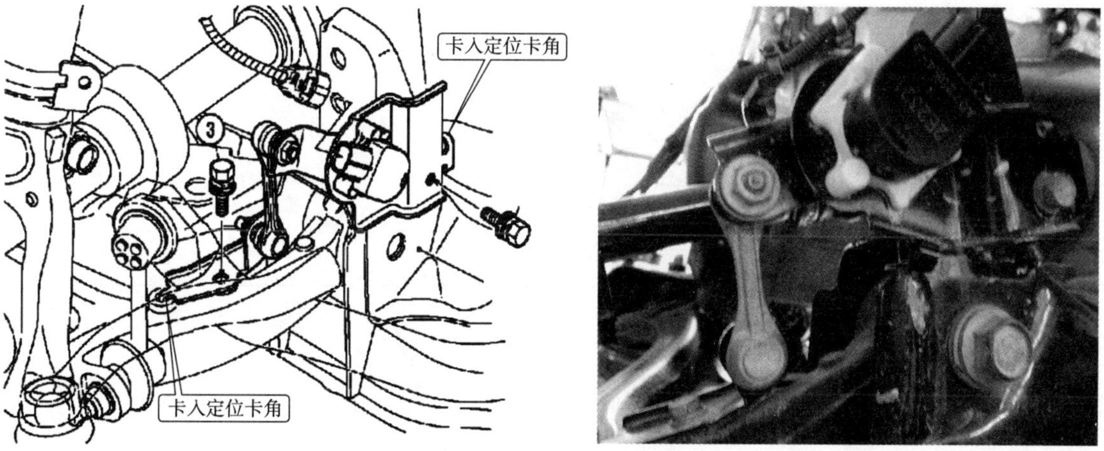

图2-26　前车身高度传感器的安装

9. 安装右侧助力回油管

请参照表2-14作业指导书进行右侧助力回油管的安装。

右侧助力回油管的安装 表 2-14

序号	操作内容	使用工具	质量标准及图示	操作要点及注意事项	不良现象
1	将管夹卡入前悬架		管夹开口向外无浮起、脱落(图 2-27)	卡位完全按入,确认四周无浮起,无脱落	管夹浮起
2	安装助力油管		(图 2-28)	将助力油管安装到管夹上,卡上管夹	
3	紧固螺栓	气动扳手	工艺力矩范围:6.9 ~ 11.8N · m;紧固无滑牙(图 2-29)	安装时注意卡位要在定位孔内	螺栓滑牙

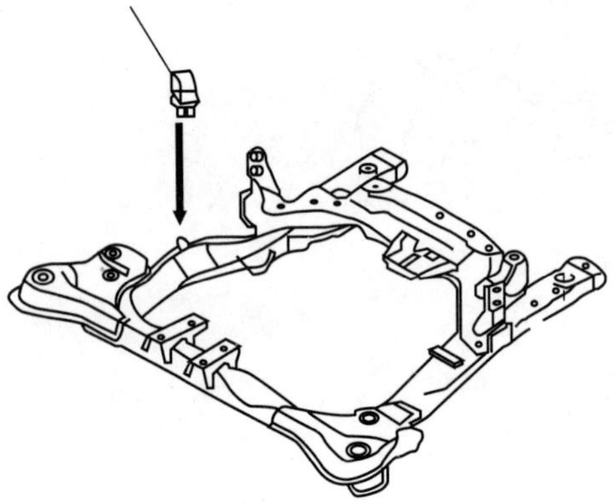

图 2-27 安装右侧助力油管白色管夹

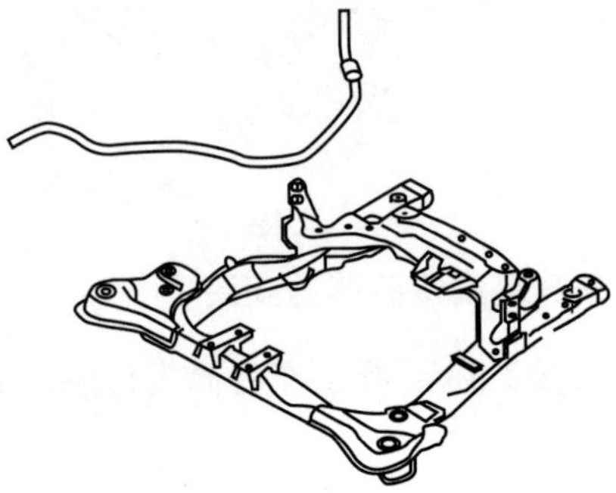

图 2-28 回油管卡入白色管夹

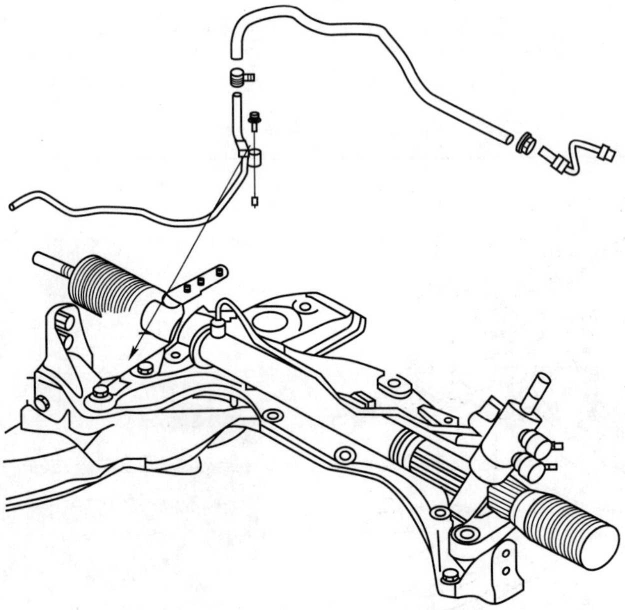

图 2-29 紧固右侧助力回油管

E. 请根据参考资料,对小组内安装好的前悬架进行装配质量检测。

10. 发动机后支座紧固力矩检查

请参照表2-15进行发动机后支座紧固力矩的检查。

发动机后支座紧固力矩的检查　　表2-15

序号	操作内容	使用工具	质量标准及图示	操作要点及注意事项	不良现象
1	后悬子螺栓力矩检查	扭力扳手	工艺力矩范围:69.6~77.4N·m;定值:73.5N·m(图2-30)	扭力套筒完全套入螺栓后再施加扭力,直到听到"咔嚓"声; 注意:操作时防止手腕扭伤	紧固力矩不符合标准

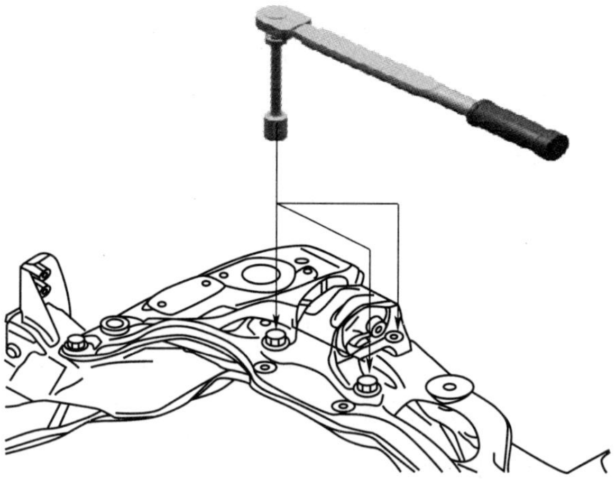

图2-30　发动机后支座螺栓紧固力矩检测

11. 转向供油管紧固力矩检查

请参照表2-16进行转向供油管紧固力矩的检查。

转向供油管紧固力矩检查　　表2-16

序号	操作内容	使用工具	质量标准及图示	操作要点及注意事项	不良现象
1	供油管紧固力矩检查	开口扭力扳手	工艺力矩范围:44.1~49N·m;定值:46.6N·m(图2-31)	①施加扭力时,开口部与供油管的螺母轴线呈垂直状态(图A)而且扭力扳手开口必须完全套入螺母(图C) ②扭力过程中保持垂直状态,扳手与回油管保持一定的间隙,听到"塔"声后停止扭力且确保扳手未贴到回油管。扭力后扳手顺着螺母往外,不能反松螺母	紧固力矩不符合标准
2	装配后检查			扭力后确认油管与转向机外露间隙大于3mm,确认零件没有变形或者外伤,确认没有异物黏附在油管连接部位	油管喇叭口损坏

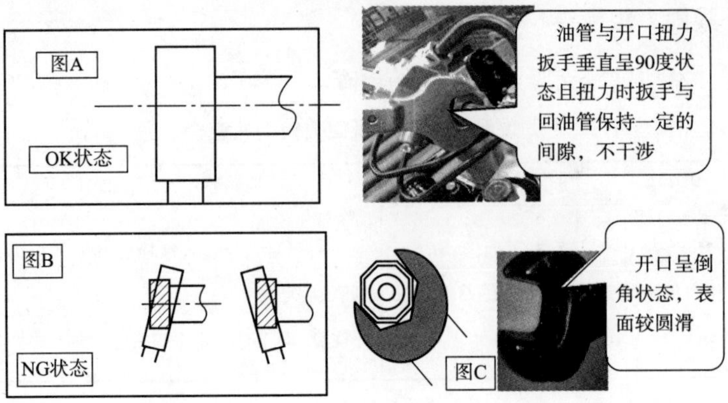

图 2-31　转向供油管紧固力矩检查

12. 转向回油管紧固力矩检查

请参照表 2-17 进行转向回油管紧固力矩的检查。

回油管紧固力矩检查　　表 2-17

序号	操作内容	使用工具	质量标准及图示	操作要点及注意事项	不良现象
1	回油管紧固力矩检查	开口扭力扳手	工艺力矩范围:25.5～31.4N·m;定值:28.4N·m(图 2-32)	①施加扭力时,开口部与供油管的螺母轴线呈垂直状态而且扭力扳手开口必须完全套入螺母; ②扭力过程中保持垂直状态,扳手与进油管保持一定的间隙,听到“嗒”声后停止扭力且确保扳手未贴到进油管扭力后扳手顺着螺母往外,不能反松螺母	紧固力矩不符合标准
2	装配后检查			扭力后确认油管与方向机外露间隙大于3mm,确认零件没有变形或者外伤,确认没有异物黏附在油管连接部位	油管喇叭口损坏

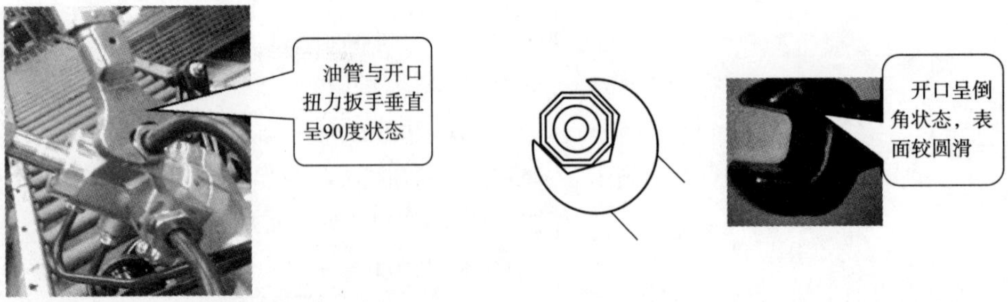

图 2-32　转向回油管紧固力矩检查

13. 前稳定杆支架螺栓紧固力矩检查

请参照表 2-18 进行前稳定杆支架螺栓紧固力矩的检查。

前稳定杆支架螺栓紧固力矩检查　　表 2-18

序号	操作内容	使用工具	质量标准及图示	操作要点及注意事项	不良现象
1	前稳定杆左侧紧固螺栓紧固力矩检查	扭力扳手	工艺力矩范围:39.2～49N·m;定值:44.1N·m(图2-33)	扭力套筒完全套入螺栓后再施加扭力,直到听到"咔嚓"声,扭力后确认螺栓粘有标识;注意:防止扭伤手腕	紧固力矩不符合标准

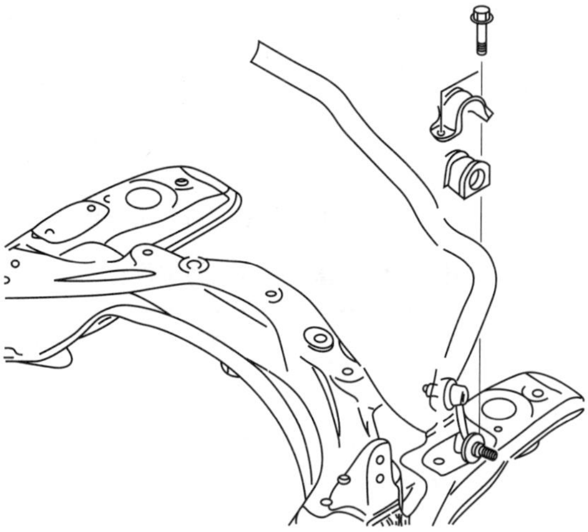

图 2-33　前稳定杆支架螺栓扭力检查

14. 左侧下叉臂与副车架连接螺栓紧固力矩检查

请参照表 2-19 进行下叉臂与副车架连接螺栓紧固力矩检查。

左侧下叉臂与副车架连接螺栓力矩检查　　表 2-19

序号	操作内容	使用工具	质量标准及图示	操作要点及注意事项	不良现象
1	后水平螺栓②紧固力矩检查	扭力扳手	工艺力矩范围:58.8～68.6N·m;定值:63.7N·m(图 2-34)	扭力套筒完全套入螺栓后再施加扭力,直到听到"咔嚓"声,扭力后确认螺栓黏有标识;注意:防止扭伤手腕	力矩不符合标准
2	前垂直螺栓①紧固力矩检查	扭力扳手	工艺力矩范围:83.3～93.1N·m;定值:88.2N·m(图 2-34)	扭力套筒完全套入螺栓后再施加扭力,直到听到"咔嚓"声,扭力后确认螺栓黏有标识;注意:防止扭伤手腕	力矩不符合标准

15. 左侧下叉臂与稳定杆连接力矩检查

请参照表 2-20 进行左侧下叉臂与稳定杆连接力矩的检查。

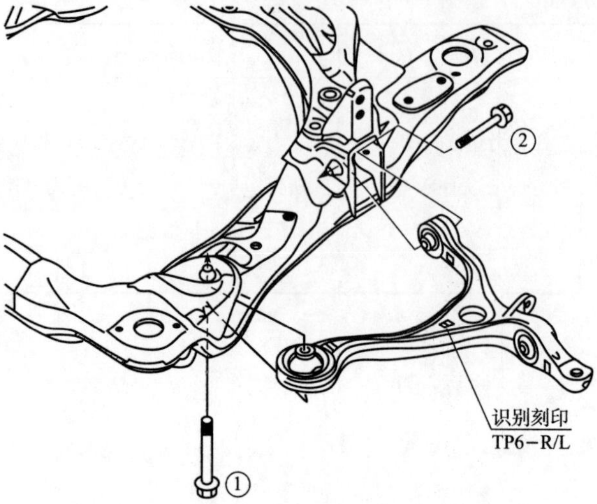

图 2-34　左下叉臂与副车架连接螺栓紧固力矩检测

左侧下叉臂与稳定杆连接力矩检查　　表 2-20

序号	操作内容	使用工具	质量标准及图示	操作要点及注意事项	不良现象
1	前稳定杆与左下臂连接螺母②力矩检查	扭力扳手	工艺力矩范围:34.3 ~ 44.1N·m;定值:39.2N·m (图 2-35)	扭力套筒完全套入螺栓后再施加扭力,直到听到"咔嚓"声,扭力后确认螺栓黏有标识;注意:防止扭伤手腕	力矩不符合标准

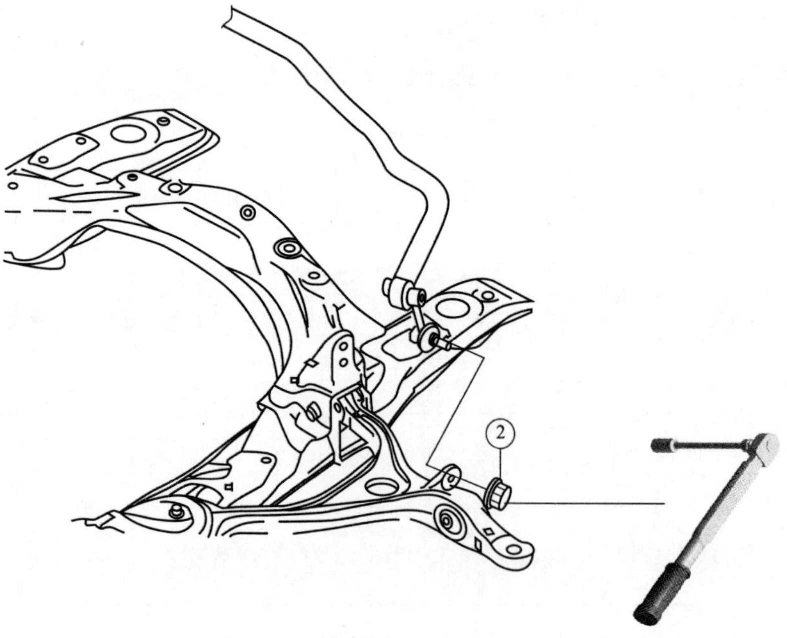

图 2-35　前稳定杆与左下臂连接螺母紧固力矩检查

三、评价反馈

F. 学习完本任务后，请思考并完成以下问题。

(1)怎样区分左、右下叉臂？

(2)前横向稳定杆装配注意事项有哪些？

(3)发动机前、后支座有什么区别？

(4)你在该组的操作内容是什么？是否遇到装配问题？最终是怎么解决的？

(5)在上述装配任务中你认为对紧固力矩要求比较严格的螺栓有哪些？

自我评价等级:优　　良　　中　　合格　　不合格

小组评价等级:优　　良　　中　　合格　　不合格

教师总体评价:

年　月　日

项目3　汽车后悬架总成安装

项目目标（建议学时：24学时）

完成本项目后，你应当能：

1. 识别汽车后悬架总成各组成零件。
2. 能根据参考资料，找出汽车后悬架总成各组成零件的安装位置。
3. 能根据参考资料，在老师的指导下，完成汽车后悬架总成装配的工艺流程。
4. 在装配完成后，能独立或小组检验装配品质。

项目概述

汽车后悬架总成装配工艺是汽车制造过程中的重要环节之一，而汽车后悬架总成的装配是汽车装配生产线中的一个重要的组成部分，装配质量的好坏直接影响到汽车的使用性能。虽然不同类型的汽车结构与装配工艺有所不同，但各类汽车装配线的基本构成与工艺原理却大同小异。通过学习汽车后悬架总成的装配，增强学生的专业知识，同时提升学生学习的兴趣。

汽车后悬架总成装配主要内容包括2个任务：任务1 制动器的安装；任务2 后悬架的安装。

任务1 汽车制动器的安装

⇨ 任务目标(建议学时:6学时)

完成本任务学习后,你应当能:

1. 叙述制动器的基本组成、构造和一般原理;
2. 根据作业指导书,在教师指导下,完成制动器的安装;
3. 在装配完成后,能独立或小组检验制动器的装配品质。

⇨ 任务描述

汽车行驶的道路条件或交通情况复杂,遇到弯道或不良的路面,特别是当遇到障碍物或紧急情况,要求车辆能尽可能短的距离内减速或停车,因此汽车必须装有制动系统,如图3-1、图3-2所示。制动器是制动系统的一个主要的部件,如图3-3所示。

请根据作业指导书要求,正确使用工具,按作业标准完成制动器的安装。

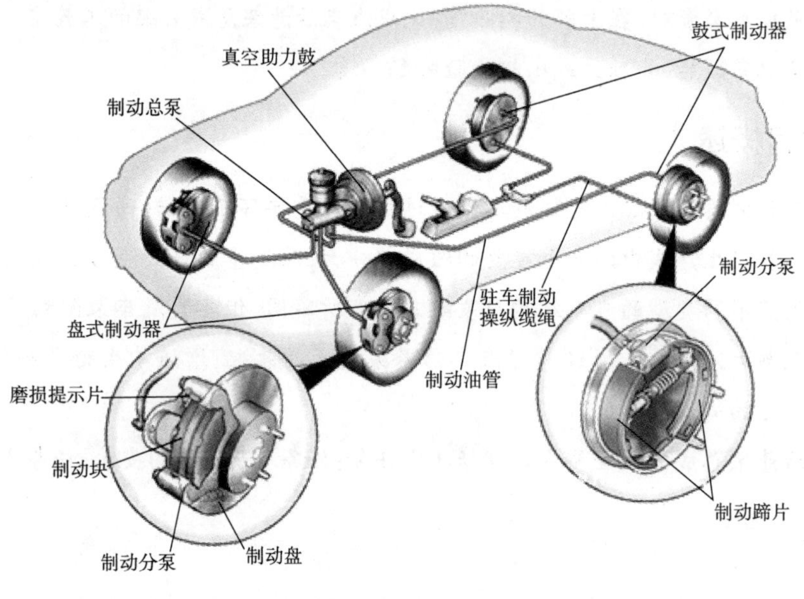

图3-1 制动系统在汽车上的位置

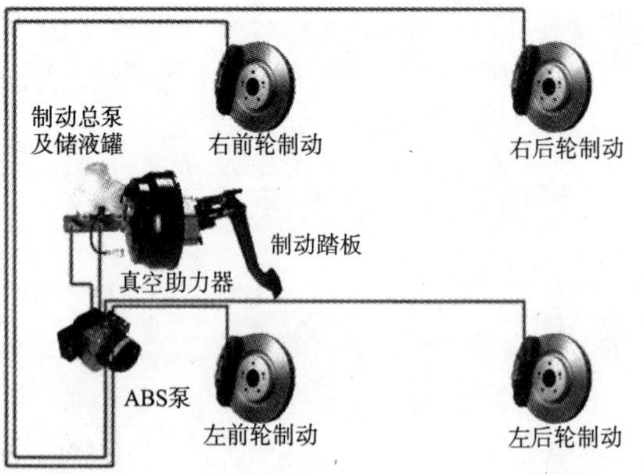

图3-2 汽车制动系统

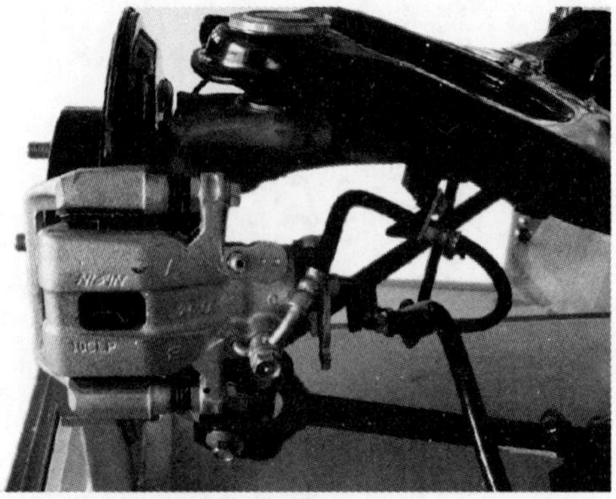

图3-3 制动器实物图

一、学习准备

A. 汽车制动性能直接影响汽车的使用性能，汽车制动器包括哪些部件？

常用的汽车制动器有鼓式和盘式制动器两种形式，盘式制动器主要由制动盘、制动钳、摩擦片、制动分泵、油管等部分构成，如图3-4所示。

1. 制动盘

制动盘是用合金钢制造并固定在车轮上的金属圆盘并随车轮转动，车辆制动时制动钳夹住制动盘，起到减速或者停车的作用。一般制动盘上有圆孔，其作用是减轻重量和增加摩擦力，制动盘种类繁多，特点是壁薄，盘片及中心处由砂芯形成。不同种类制动盘，在盘径、盘片厚度及两片间隙尺寸上存在差异，盘毂的厚度和高度也各不相同。

2. 制动钳

制动钳固定在转向节上，它横跨于制动盘两端，制动钳内装有活塞，活塞后面有充满制动液的制动轮油缸。

3. 摩擦片

摩擦块是由高摩擦系数的摩擦材料和黏合剂制成，制动时就是它与制动盘产生摩擦，达到车辆减速制动的目的。

小词典

盘式制动器：固定在轮毂上并同车轮一起旋转的制动器，是由摩擦衬块夹紧制动盘产生制动力的。

鼓式制动器：固定在轮毂上并同车轮一起旋转的制动器，是摩擦衬块压紧旋转的制动鼓内侧产生制动力的。

B. 汽车制动在时要求又平又稳，那汽车制动器是怎么样工作的？

如图3-5所示，盘式制动器的制动盘固定在轮毂上并随车轮转动。制动分泵固定在制动器的底板上固定不动，制动钳上的两个摩擦片分别装在制动盘的两侧，盘式制动器通过液压系统把压力施加到制动钳上，使制动摩擦片与随车轮转动的制动盘发生摩擦，从而达到制动的目的。盘式制动器散热快、重量轻、构造简单、调整方便。

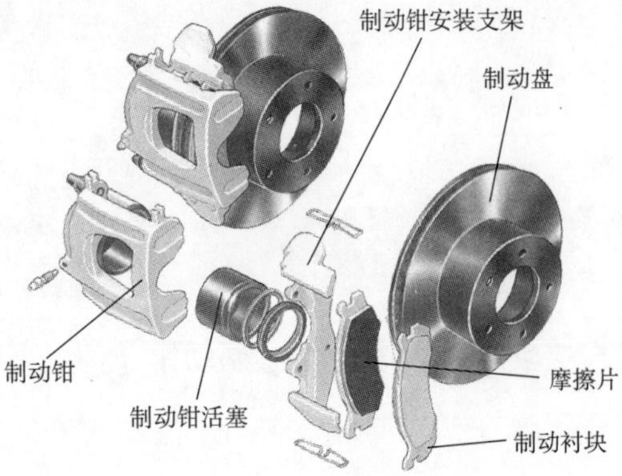

图 3-4　制动器分解图

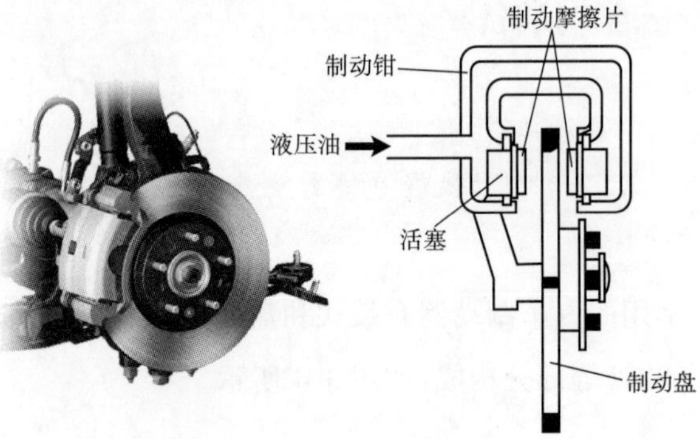

图 3-5　盘式制动器工作原理图

C. 后悬架总成上两边各有一个电器元件,它的作用是什么?

后悬架总成上的电器元件是轮速传感器。汽车在制动过程中,车轮轮速传感器不断把各个车轮的转速信号及时输送给 ABS(Anti-lock breaking system)电控单元,ABS 电控单元根据设定的控制逻辑对四个转速传感器输入的信号进行处理,计算汽车的参考车速、各车轮速度和减速度,确定车轮滑移率。

二、计划与实施

D. 请根据参考资料,小组讨论制订一套制动器和轮速传感器的安装计划。

(一) 制定计划

(1) 安全防护措施(人身、工具、零件):

(2) 使用工具(工具种类及正确使用方法):

（3）安装的零件（零件名称）：

（4）把小组成员分工及安装的步骤写在下面：

（二）实施计划

E. 怎样才能按照规定力矩将制动器和轮速传感器安装到机体上？

作业指导书（表 3-1、表 3-2 中）具体描述了安装制动器和轮速传感器使用的工具、质量标准及图示，操作要点及注意事项，请认真阅读，并进行安装。

1. 制动器的安装

制动器的安装　　表 3-1

序号	操作内容	使用工具	质量标准及图示	操作要点及注意事项	不良现象
1	制动钳托架在制动盘支架上预装		图 3-6	确认对应车型，手拿制动钳托架在制动盘支架上预装插入螺栓；注意：小心别刮伤手	错装
2	紧固螺栓	套筒、气动扳手	工艺力矩范围：103～113N·m；紧固无滑牙，（图 3-6）	套筒完全套入螺栓后才开始紧固；注意：小心别刮伤手	螺栓滑牙

图 3-6　制动器总成

2. 制动器紧固螺栓力矩检查

请参照图 3-7 对制动器螺栓的紧固力矩进行检查。紧固螺栓的参考力矩值为 108N · m。

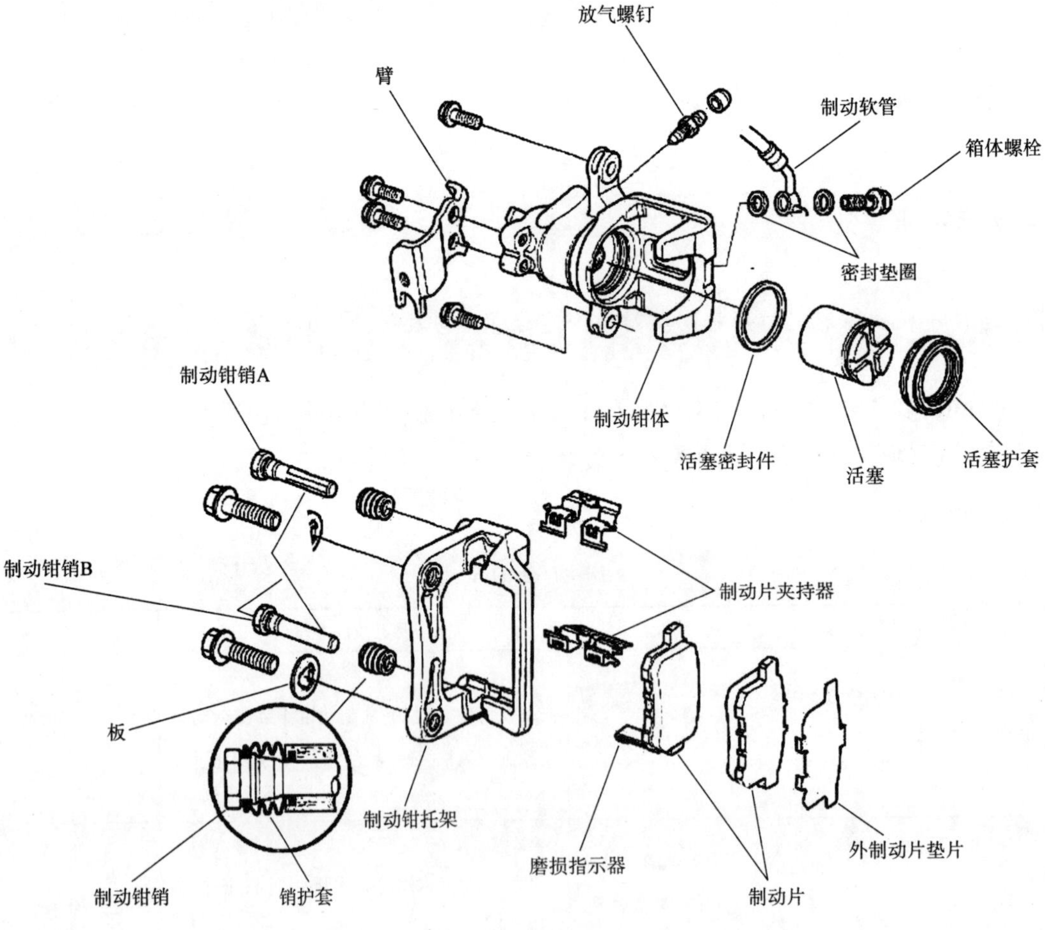

图 3-7　后制动钳分解图

知识拓展

制动盘跳动量的测量：

将百分表对着制动盘放置，并在离制动盘外边缘10mm处，测量制动盘的跳动量（允许0.04mm），如图3-8所示。

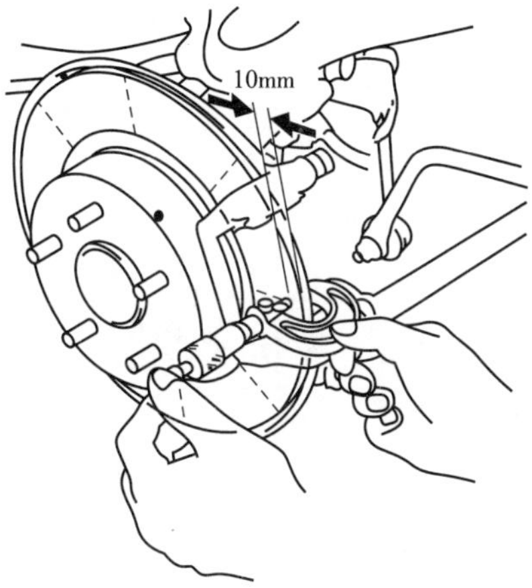

图3-8　测量制动盘的跳动量

3. 安装轮速传感器

请参照表3-2进行轮速传感器的安装。

安装轮速传感器　　表3-2

序号	操作内容	使用工具	质量标准及图示	操作要点及注意事项	不良现象
1	用螺栓连接轮速传感器支架与后悬架	套筒、气动扳手	工艺力矩范围：18.6～24.5N·m，（图3-9）	手拿轮速传感器支架在后悬架上安装，将支架卡位卡入定位销内，气动扳手套筒完全套入螺栓才开始紧固；注意：小心刮伤手	螺栓滑牙
2	安装轮速传感器到插接器上		插接到位	听到"咔嚓"声后再回拉；注意：小心不要有异物落入	没到位

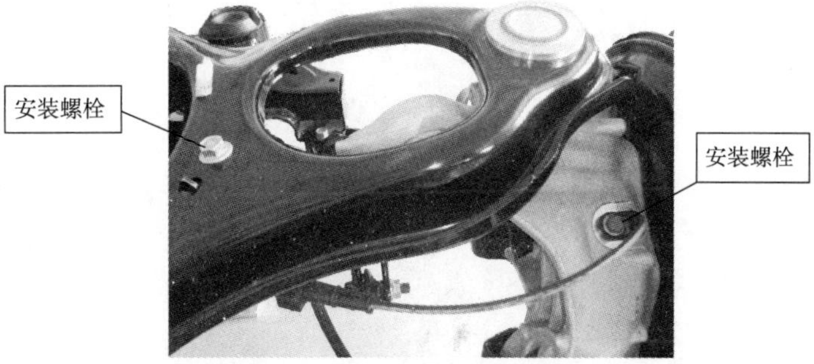

图3-9　安装轮速传感器支架

三、评价反馈

F. 学习完本任务后，请思考并完成以下问题。

(1)左、右制动器有区别吗?

(2)前、后制动器装配的规定力矩是多少?

自我评价等级:优　　良　　中　　合格　　不合格

小组评价等级:优　　良　　中　　合格　　不合格

教师总体评价:

年　月　日

任务2　汽车后悬架的安装

⇨ **任务目标**(建议学时:18 学时)

完成本任务学习后,你应当能:

1. 识别汽车后悬架各组成零件的名称;
2. 能找出汽车多连杠后悬架各组成零件的安装位置。
3. 根据作业指导书,在教师指导下,完成后悬架的安装;
4. 在装配完成后,能独立或小组检验后悬架的装配品质。

⇨ **任务描述**

在汽车制造业中,汽车后悬架的安装是其中一条必不可少的生产线,认识汽车后悬架结构是汽车底盘制造工作的基础,通过学习汽车后悬架的组成、构造及总成的工作原理和安装步骤,并明确各重要力矩点扭力的检查方法。本任务以汽车多连杠后悬架为例。

请根据作业指导书的要求,正确地使用工具,按作业标准进行多连杆后悬架的安装。

一、学习准备

A. 汽车后悬架的组成有哪些?它起什么作用?安装位置在哪里?

1. 后悬架的组成

如图3-10所示,汽车后悬架有麦弗逊、多连杆、双叉臂和扭力梁等多种类型。五连杆悬架是汽车多连杆悬架的一种,主要由上臂、下臂A、下臂B、控制臂、稳定杆、转向节、副车架等零件组成。

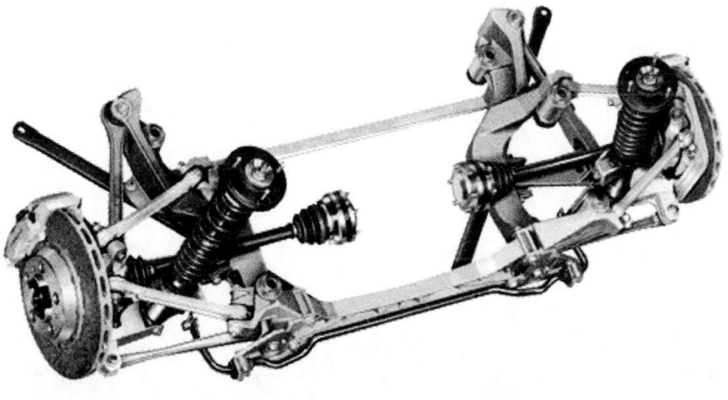

图3-10　汽车后悬架整体结构图

小词典

五连杆后悬架全称是五连杆双叉型独立悬架系统。这种悬架,具有优良的平顺性和舒适性,因此受到广泛的欢迎。顾名思义,这种后悬架含5条连杆,分别是上臂(算2条杆)、下臂A、下臂B、控制臂,其中控制臂可以调整后轮前束,布置方式见图3-11所示。

图3-11 多连杆后悬架局部图

2. 后悬架安装的位置及作用

后悬架直接与汽车车身后部相连接。它用来传递作用在车轮和车身之间的一切力和力矩,比如支撑力、制动力和驱动力等,并且缓和由不平路面传给车身的冲击载荷、衰减由此引起的振动、保证乘员的舒适性、减小货物和车辆本身的动载荷。

B. 汽车后悬架的连接都采用螺栓连接,未拧紧会产生严重事故。这些螺栓的紧固力矩是多少?

后悬架安装中包括控制臂与车架、控制臂与转向节、上臂与车架、上臂与转向节、下臂与车架、下臂与转向节等,几乎处处都是螺栓连接。每一处连接都有力矩要求。力矩大小:左下臂A在车架侧安装螺栓力矩,应为53.9~63.7N·m。

二、计划与实施

C. 请根据参考资料,小组讨论制订后悬架安装的计划。

(一)制订计划

(1)安全防护措施(人身、工具、零件):

(2)使用的工具(工具种类及正确使用方法):

(3)对应的车型和设备有哪些?

(4)小组成员分工及安装的步骤写在下面:

(二)实施计划

D. 怎样安装后悬架？根据作业指导书,完成后悬架的安装。

1. 左上臂与车架的连接

作业指导书(表3-3)具体描述了连接左上臂与车架使用的工具、质量标准及图示、操作要点及注意事项,请认真阅读并进行安装。

左上臂与车架的连接　　表3-3

序号	操作内容	使用工具	质量标准及图示	操作要点及注意事项	不良现象
1	用螺栓预装上臂至后悬架		(图3-12)	确认上臂球头无破损后,手拿上臂在车架上预装,插入螺栓;注意:小心别刮伤手	球头破损
2	左上臂在车架侧紧固螺栓	套筒、气动扳手	工艺力矩范围:53.9~63.7N·m;紧固无滑牙	套筒完全套入螺栓才开始紧固;注意:小心别刮伤手	螺栓滑牙

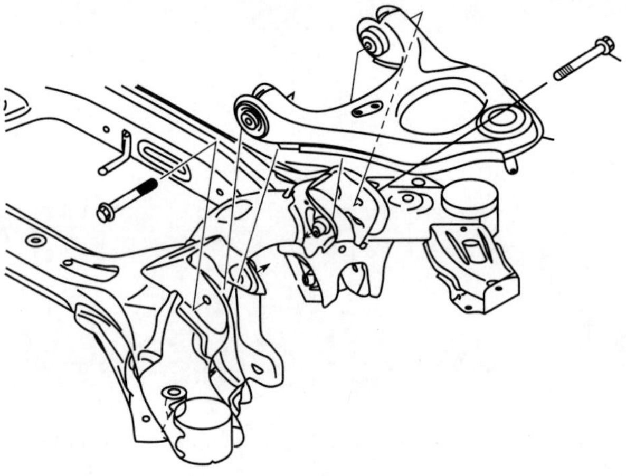

图3-12　在车架上安装左上臂

小提示

注意螺栓的安装方向,严禁装反,否则气动工具不能使用。

2. 左下臂A与车架的连接

作业指导书(表3-4)具体描述了连接左下臂A与车架使用的工具、质量标准及图示、操作要求及注意事项,请认真阅读并进行安装。

看一看:

(1)选择零件:左下臂A上标有L,箭头朝上,支架向里;

（2）作业场所是否安全？

左下臂A与车架的连接　　表3-4

序号	操作内容	使用工具	质量标准及图示	操作要点及注意事项	不良现象
1	螺栓与左下臂A在车架上预装		下臂A件上的识别码L方向朝上（图3-13）	确认下臂A件上的识别码L后确认下臂A支架向下后，手拿下臂A在车架上预装插入螺栓；注意：小心别刮伤手	反装、错装
2	左下臂A在车架侧紧固螺栓	套筒、气动扳手	工艺力矩范围：53.9～63.7N·m；紧固无滑牙	套筒完全套入螺栓才开始紧固；注意：小心别刮伤手	螺栓滑牙

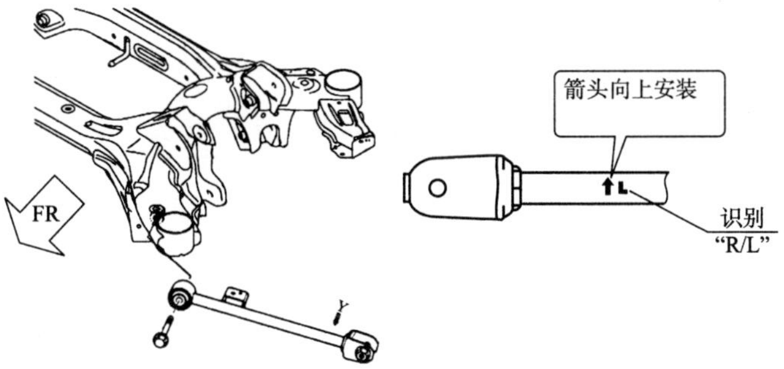

图3-13　在车架上安装左下臂A

小提示

1. 注意左下臂A的标记和安装方向的标记，如图3-14，严禁装反，否则影响传感器的安装；

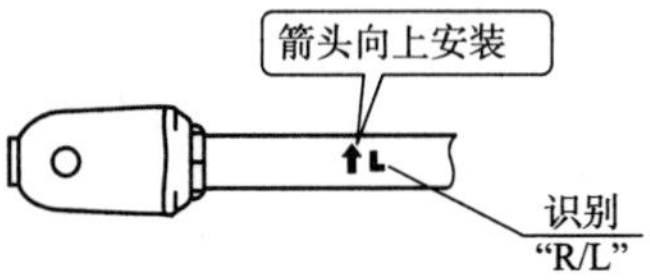

图3-14　左下臂A安装标记

2. 注意螺栓的安装方向，严禁装反，否则气动工具不能使用。

3. 左下臂B与车架的连接

作业指导书（表3-5）具体描述了连接左下臂B与车架使用的工具、质量标准及图示、操作要点及注意事项，请认真阅读并进行安装作业。

左下臂B与车架的连接　　表3-5

序号	操作内容	使用工具	质量标准及图示	操作要点及注意事项	不良现象
1	螺栓与左下臂B在车架上预装		箭头方向朝上（图3-15）	确认下臂B件上的识别码L，箭头方向朝上，同时看对应车型后，手拿下臂B在车架上预装插入螺栓；注意：小心别刮伤手	反装、错装
2	左下臂B在车架侧紧固螺栓	套筒、气动扳手	工艺力矩范围：53.9～63.7N·m；紧固无滑牙	风扳套筒完全套入螺栓才开始紧固；注意：小心别刮伤手	螺栓滑牙

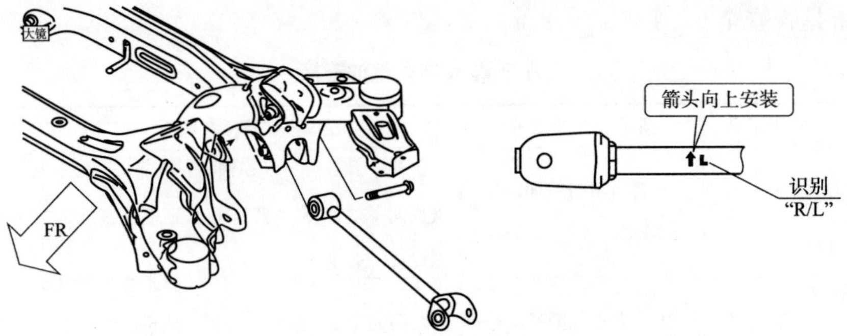

图 3-15　在车架上安装左下臂 B

小提示

1. 注意左下臂 B 的标记和安装方向的标记，如图 3-16，严禁不能装反，否则影响转向节的安装；

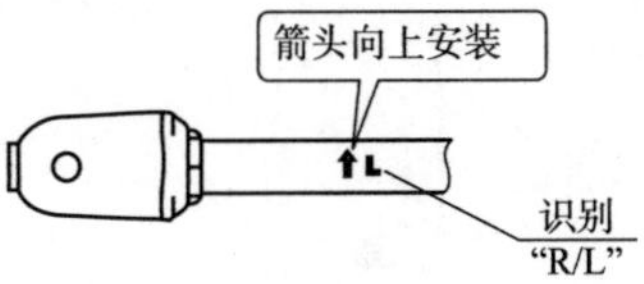

图 3-16　左下臂 B 安装标记

2. 注意螺栓的安装方向，严禁装反，否则气动工具不能使用。

4. 左控制臂与车架的连接

作业指导书（表 3-6）具体描述了连接左控制臂与车架使用的工具，质量标准及图示、操作要点及注意事项，请认真阅读并进行安装作业。

看一看：

确认零件安装方向：左控制臂上标有 L，箭头方向朝外；螺栓刻度和凸轮垫圈刻度面向外，刻度向下。

左控制臂与车架的连接　　表 3-6

序号	操作内容	使用工具	质量标准及图示	操作要点及注意事项	不良现象
1	调整螺栓①与控制臂③预装至后悬架，装上凸轮垫圈②后，用螺母④预拧		螺栓刻度与凸轮垫圈刻度面朝外，刻度方向向下（图3-17）	确认标识 L，装配时箭头方向朝外；螺栓刻度与凸轮垫圈刻度面向外，刻度方向向下；预拧螺母三圈螺纹以上； 注意：小心别刮伤手	凸轮垫圈、控制臂装反
2	左控制臂在车架侧紧固螺母	套筒、气动扳手	工艺力矩范围：49 ~ 63.7N · m；调整螺栓刻度与凸轮垫圈刻度向下；调整螺栓刻度与凸轮垫圈刻度方向保持相同	确认调整螺栓刻度与凸轮垫圈刻度向外向下，方向保持相同，在 1G 状态下紧固螺母，梅花扳手卡住调整螺栓后，套筒完全套入螺母才开始紧固 注意：小心别刮伤手	螺母滑牙

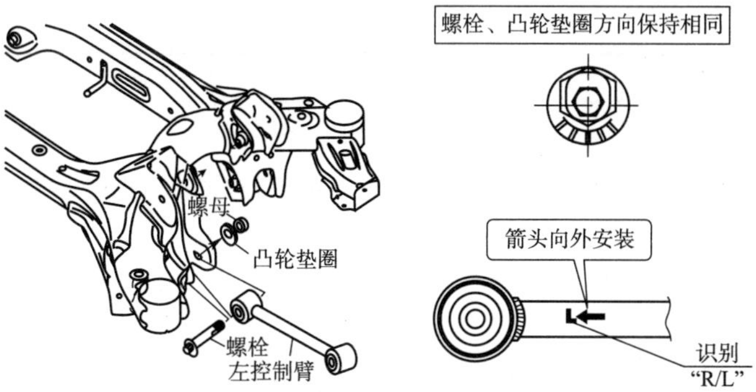

图3-17　在车架上安装左控制臂

小提示

1. 注意左控制臂的标记和安装方向的标记，如图3-18，严禁装反，否则影响转向节的安装；
2. 注意螺栓的安装方向，严禁装反，否则气动工具不能使用；
3. 螺栓刻度与凸轮垫圈刻度面朝下，刻度方向向下，如图3-19。

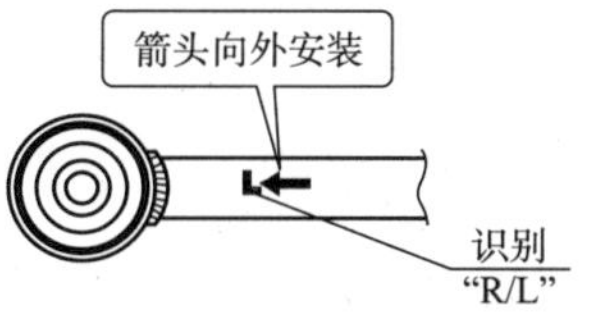

图　3-18

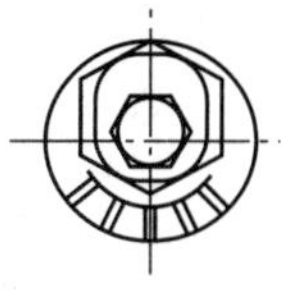

图　3-19

小提示

右上臂、右上臂A、右下臂B和右控制臂的安装与左侧的顺序和要求都相同。

5. 后稳定杆的安装

作业指导书（表3-7）具体描述了后稳定杆的安装使用的工具、质量标准及图示、操作要求及注意事项，请认真阅读并进行安装作业。

后稳定杆的安装　　　　表3-7

序号	操作内容	使用工具	质量标准及图示	操作要点及注意事项	不良现象
1	将后稳定杆投①到后悬工作台		图3-20	对应车型投入后稳定杆，稳定杆球头方向朝前；小心刮伤手	摆错方向
2	减振胶块支架②安装至稳定杆减振胶块③上	套筒、气动扳手	图3-20	将减振胶块支架装上减振胶上；注意：小心刮伤手	脱落

续上表

序号	操作内容	使用工具	质量标准及图示	操作要点及注意事项	不良现象
3	螺栓④紧固后稳定杆在后副车架上	套筒、气动扳手	工艺力矩范围:18.6～24.5N·m;确认减震胶块在定位漆右侧;紧固无滑牙(图3-20)	风扳套筒完全套入螺栓后用气动扳手紧固螺栓在后副车架上;注意:小心刮伤手	螺栓滑牙
4	检查后制动钳油管垫圈安装状态		光面相向	目视检查,确认垫圈无漏装	反装

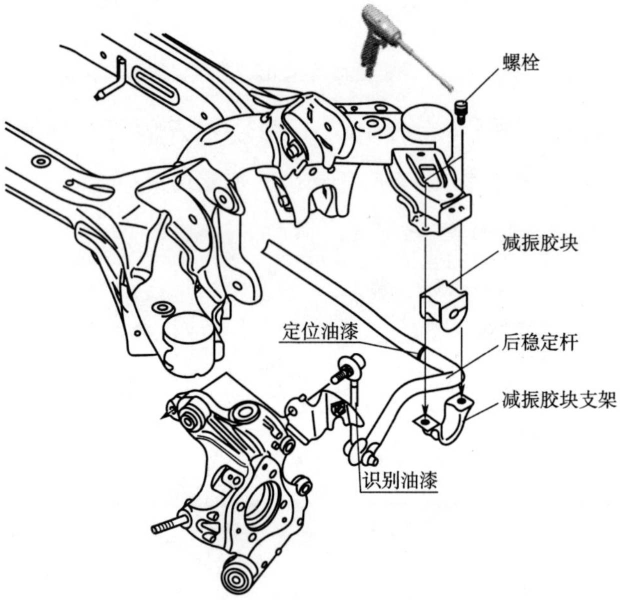

图3-20　安装后稳定杆

6. 左转向节的安装

作业指导书(表3-8至表3-12)具体描述了左控制臂、左上臂、左下臂A、左下臂B和稳定杆使用的工具、质量标准及图示、操作要求及注意事项,请认真阅读并进行安装作业。

左控制臂与左转向节安装　　表3-8

序号	操作内容	使用工具	质量标准及图示	操作要点及注意事项	不良现象
1	左后转向节总成投入到后悬架工作台上		图3-17	小心刮伤手	
2	在转向节螺柱装上垫圈后预紧螺母		垫圈凹面向外(图3-21)	将左转向节螺柱穿过控制臂螺孔,装上垫圈,垫圈凹面向外,预拧螺母三圈螺纹;注意:小心刮伤手	装反垫圈、脱落
3	左控制臂在转向节侧紧固螺母	套筒、风板	工艺力矩范围:53.9～63.7N·m;紧固无滑牙(图3-21)	风扳套筒完全套入螺栓才紧固,无松动;注意:小心别刮伤手	螺栓滑牙

左上臂与左转向节安装　　表3-9

序号	操作内容	使用工具	质量标准及图示	操作要点及注意事项	不良现象
1	左上臂螺母在左转向节上预装		图3-22	将左上臂螺栓穿过左转向节螺孔，预拧螺母三圈螺纹以上；注意：小心刮伤手	螺母脱落
2	左上臂螺母在左转向节上紧固	套筒、气动扳手	工艺力矩范围：68.6～78.4N·m；紧固无滑牙	套筒完全套入螺母方可紧固；注意：小心刮伤手	螺母滑牙

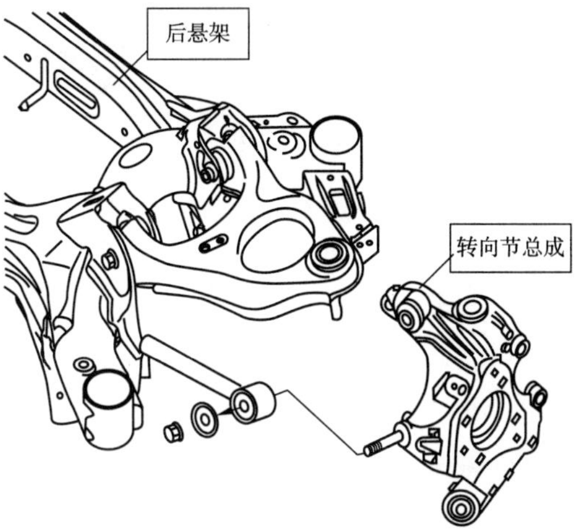

图3-21　安装左控制臂与左转向节

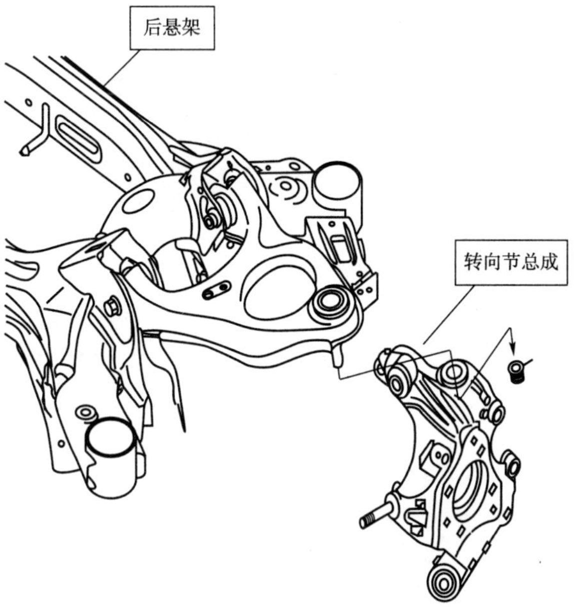

图3-22　安装左上臂与左转向节

左下臂A与左转向节安装　　表3-10

序号	操作内容	使用工具	质量标准及图示	操作要点及注意事项	不良现象
1	用螺栓和螺母将左下臂A与左转向节连接		图3-23	将左下臂A螺孔与转向节螺孔对齐插入螺栓，预拧螺母三圈螺纹以上；注意：小心刮伤手	脱落
2	左下臂A在转向节侧紧固螺栓	套筒、风板	工艺力矩范围：53.9～63.7N·m；紧固无滑牙	风扳套筒完全套入螺母方可紧固；注意：小心刮伤手	螺母滑牙

左下臂B与左转向节安装　　表3-11

序号	操作内容	使用工具	质量标准及图示	操作要点及注意事项	不良现象
1	用螺栓将左下臂B与转向节连接		图3-24	将左下臂B螺孔与转向节螺孔对齐插入螺栓；注意：小心刮伤手	脱落
2	左下臂B在转向节侧紧固螺栓	套筒、气动扳手	工艺力矩范围：53.9～63.7N·m；紧固无滑牙	套筒完全套入螺母方可紧固；注意：小心刮伤手	螺母滑牙

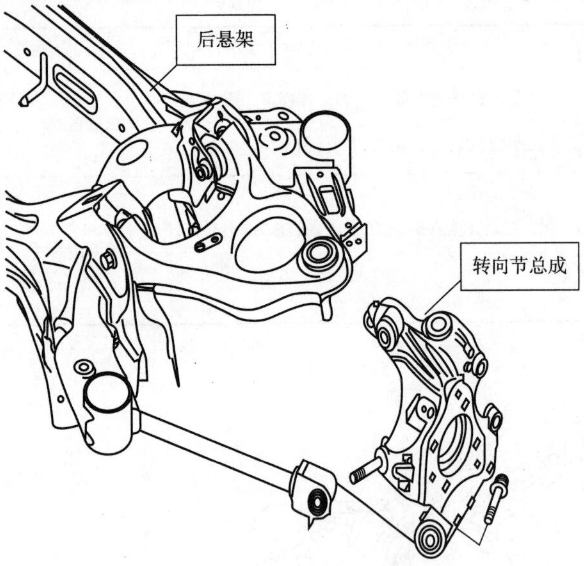

图 3-23　安装左下臂 A 与左转向节

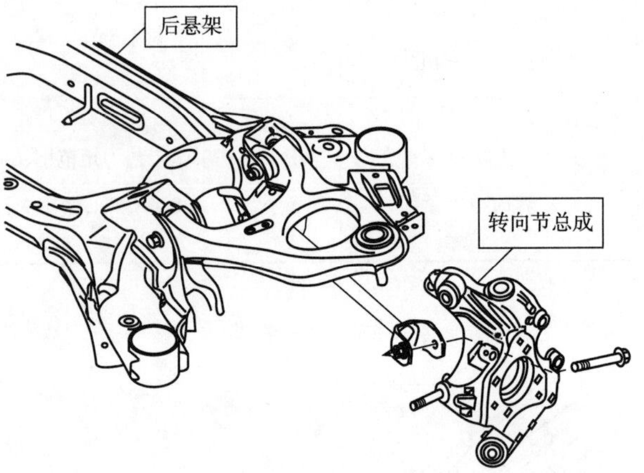

图 3-24　安装左下臂 B 与左转向节

后稳定杆与左转向节安装　　表 3-12

序号	操作内容	使用工具	质量标准及图示	操作要点及注意事项	不良现象
1	预拧后稳定杆左侧与右转向节连接螺母后紧固	套筒、气动扳手	工艺力矩范围:39.2～49N·m;紧固无滑牙(图3-25)	将后稳定杆螺栓穿过油管支架与转向节螺孔;用手预拧螺母三圈以上;套筒完全套入螺母后进行紧固;确认无松动。注意:小心刮伤手	螺母滑牙

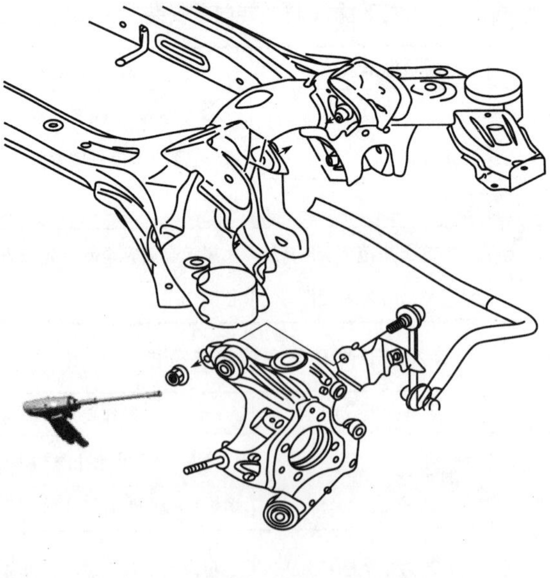

图 3-25　安装后稳定杆与左转向节

小提示

1. 注意螺栓的安装方向，严禁装反了，否则气动工具不能使用；

2. 安装左控制臂时，垫圈凹面向外；

3. 安装左上臂时，螺母隙位对准上臂球头螺栓孔位；安装开口销，开口销勾位面对转向节一边插入，要求卡紧无脱落；螺母隙位与螺栓孔位不对准时，按紧固方向转动螺母并使其对准，严禁从反方向拧螺母；

4. 与左转向节连接零件的力矩检查要求如附表3-14；

5. 右侧转向节的安装与左侧转向节的安装顺序和要求相同。

知识拓展

1. 生产节拍

生产节拍是指在一定时间内，总有效生产时间与客户需求数量的比值，是客户需求一件产品的市场必要时间。在每一个生产厂、每一道工序都会有节拍的要求。小轿车生产厂每出产一台汽车的时间一般在1分钟左右，如广汽集团丰田有限公司是61秒/台、广汽集团本田有限公司是48秒/台。要有这样的生产率，每一工序都要在规定的时间内完成，在底盘装配线上，完成一台的时间要控制在10min内。请以小组的形式，模拟工厂生产线进行装配比赛，看哪一组更快？

2. 转向节总成

转向节总成包括制动盘、制动钳、制动毂、挡泥板、轴承等部件，如下图3-26所示，请查阅资料，确定拆装转向节总成的步骤。

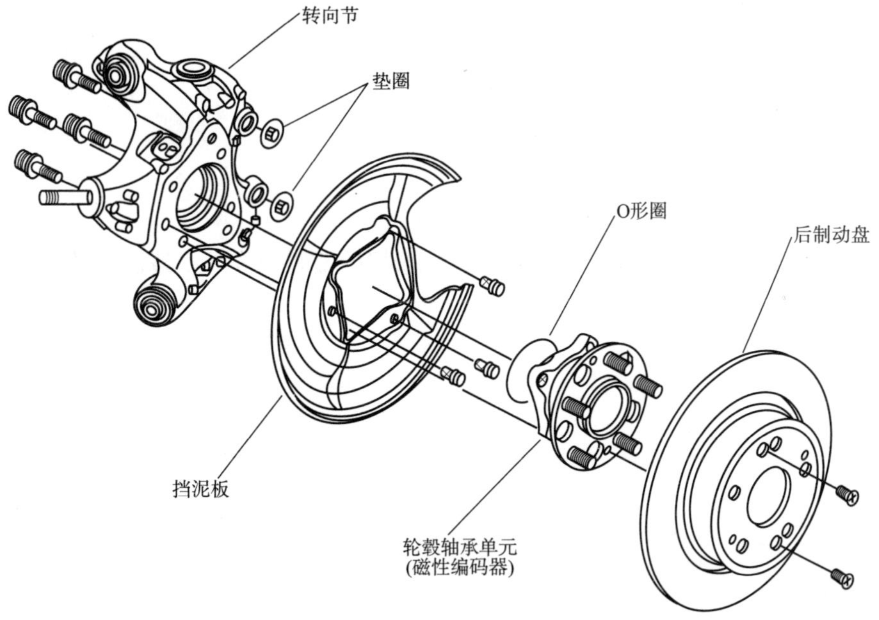

图3-26 转向节总成

三、评价反馈

E. 后悬架安装结束后，应进行紧固力矩检查，请将检查结果填写在表3-13中。

各部件紧固力矩检查表

表3-13

序号	位　　置	紧固力矩(N·m)	符合要求(是、否)	提高效率的建议
1	左上臂与车架连接			
2	左上臂与转向节连接			
3	左下臂A与车架连接			
4	左下臂A与转向节连接			
5	左下臂B与车架连接			
6	左下臂B与转向节连接			
7	左控制臂与车架连接			
8	左控制臂与转向节连接			

F. 学习完本任务后，请思考并完成以下问题。

(1)各零件安装时要求的紧固力矩有规律吗？请参照表3-14想一想

(2)在没有同学帮助的情况下，你可以单独完成后悬架的安装任务吗？请试一试。

(3)想一想:仔细观察图 3-27,如何判断左、右上臂?

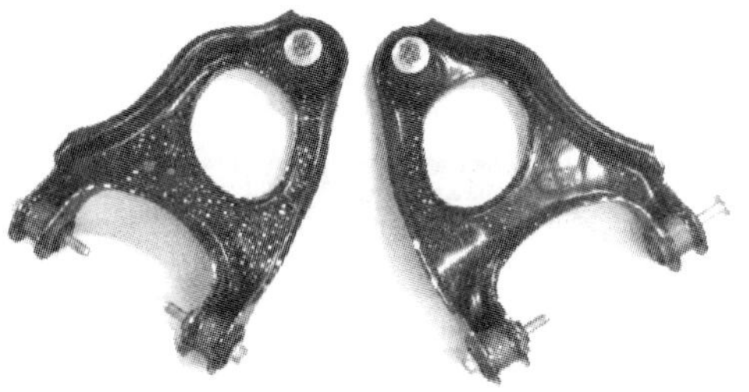

图 3-27　左、右上臂

自我评价等级:优　　良　　中　　合格　　不合格

小组评价等级:优　　良　　中　　合格　　不合格

教师总体评价:

年　　月　　日

各连接处紧固力矩

表 3-14

序号	位　　置	紧固力矩(N·m)	定值(N·m)
1	左上臂与车架连接	53.9 ~ 63.7	58.8
2	右上臂与车架连接	53.9 ~ 63.7	58.8
3	左上臂与转向节连接	68.6 ~ 78.4	73.5
4	右上臂与转向节连接	68.6 ~ 78.4	73.5
5	左下臂 A 与车架连接	53.9 ~ 63.7	58.8
6	右下臂 A 与车架连接	53.9 ~ 63.7	58.8
7	左下臂 A 与转向节连接	53.9 ~ 63.7	58.8
8	右下臂 A 与转向节连接	53.9 ~ 63.7	58.8
9	左下臂 B 与车架连接	53.9 ~ 63.7	58.8
10	右下臂 B 与车架连接	53.9 ~ 63.7	58.8
11	左下臂 B 与转向节连接	53.9 ~ 63.7	58.8
12	右下臂 B 与转向节连接	53.9 ~ 63.7	58.8
13	左控制臂与车架连接	49 ~ 63.7	
14	右控制臂与车架连接	49 ~ 63.7	
15	左控制臂与转向节连接	53.9 ~ 63.7	58.8
16	右控制臂与转向节连接	53.9 ~ 63.7	58.8
17	后稳定杆左侧与左转向节连接	39.2 ~ 49	44.1
18	后稳定杆右侧与右转向节连接	39.2 ~ 49	44.1
19	左后转向节 ABS 线安装	6.9 ~ 11.8	9.3
20	右后转向节 ABS 线安装	6.9 ~ 11.8	9.3
21	左后 ABS 线束在上臂安装	18.6 ~ 24.5	21.6
22	右后 ABS 线束在上臂安装	18.6 ~ 24.5	21.6
23	左侧稳定杆支架	18.6 ~ 24.5	21.6
24	右侧稳定杆支架	18.6 ~ 24.5	21.6
25	后稳定杆右侧支架在后悬架上螺栓扭力	18.6 ~ 24.5	21.6
26	后稳定杆左侧支架在后悬架上螺栓扭力	18.6 ~ 24.5	21.6

项目4　汽车底盘与车身合装

项目目标(建议学时:24 学时)

完成本项目学习后,你应当能:

1. 识别汽车底盘和车身的装配顺序、装配关系。
2. 能根据资料找出汽车底盘与车身合装的技术要求。
3. 根据作业指导下,在老师的指导下,完成汽车底盘与车身合装的装配。

项目概述

汽车底盘与车身合装是汽车制造过程中的最后一个环节,合装建立在动力总成已经分装好,前悬架和后悬架已经分装好,最后进行三者的组合装配,不同类型的汽车结构与装配工艺存在差异,但各类汽车合装工艺原理却大同小异。底盘与车身合装主要内容包括2个任务:任务1 动力总成与前悬架总成合装;任务2 底盘与车身合装。

任务1　汽车动力总成与前悬架合成

任务目标(建议学时:6学时)

完成本任务学习后,你应当能:

1. 叙述发动机的支撑方式;
2. 正确使用发动机举升架和发动机吊装架;
3. 完成发动机总成、变速器总成与前悬架总成的合装;
4. 对前悬与发动机合装任务进行品质检测。

任务描述

动力总成是汽车的动力源,主要包括发动机总成和变速器总成,其结构复杂,精度要求高。为保证它良好的使用性能,必须很好地与前悬架连接。本次学习任务是按照整车装配生产工作任务要求,将动力总成合装在前悬架上,并对其装配进行品质检测。

一、学习准备

A. 发动机与车架是怎样组合的呢,他们之间有什么构成?

动力总成、前后悬架与车架构成一个整体,如图4-1,生产装配车间是将发动机从上面吊装的。动力总成包括发动机总成和变速器总成,如图4-2和4-3所示。

图4-1　动力总成与车架

图4-2　发动机总成

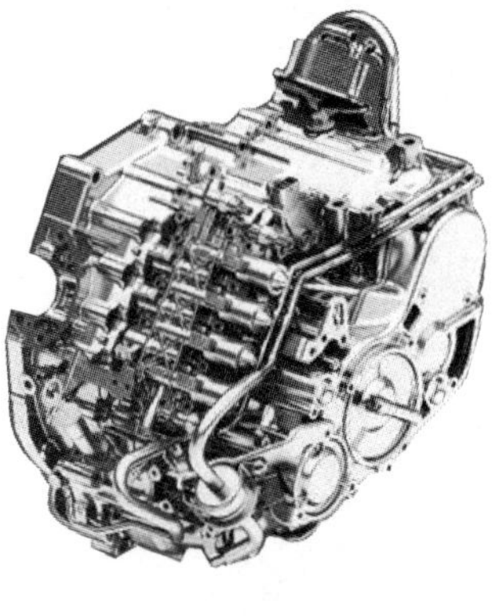

图4-3　变速器总成

B. 发动机和变速器是怎样支撑在车架上面的,它们之间采用什么连接?

1. 发动机液压减振器

如图4-4所示,带有真空吸管,通过真空管的抽取真空量来控制发动机当前的姿态平稳,由DOC阀控制(也叫作发动机坐姿检测系统)。当发动机的振动量大时,阀体打开将机脚的真空管与进气歧管接通,通过发动机的进气将机脚内的真空室抽真空,将发动机的振动量减小,起到稳定发动机及减弱发动机振动对车身的影响。

2. 发动机后支架

后支架采用一般的机脚胶支撑,如图 4-5 所示。

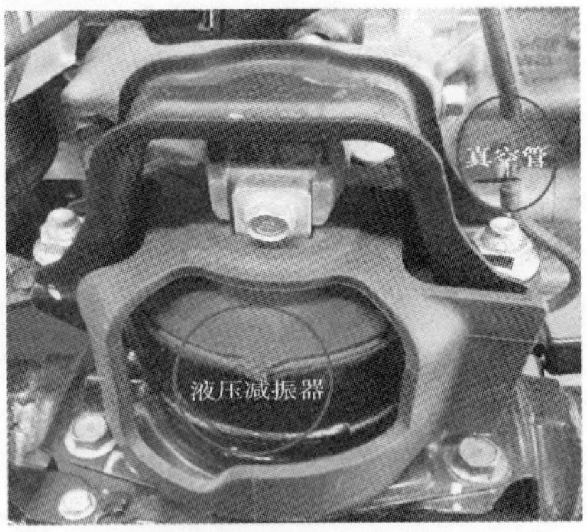

图 4-4 发动机液压减振器

图 4-5 发动机后支架

3. 变速器侧支撑

变速器侧支撑和发动机后支架一样采用一般的机脚胶支撑,如图 4-6 所示。

小提示

此处支撑装配时应注意防止螺纹滑牙。

C. 发动机装在副车架上,那发动机的动力怎么传递给前轮?

左侧前轮驱动如图 4-7 所示。动力传递路线为:变速器,差速器,三叉轴万向节,半轴,球笼万向节,转向节总成。

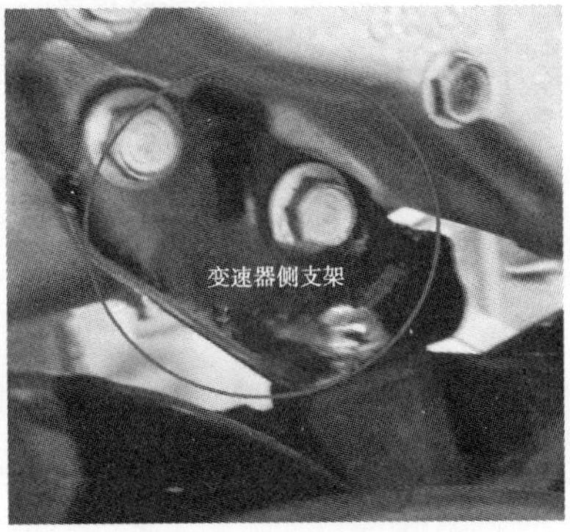

图 4-6 变速器侧支架

图 4-7 驱动半轴总成

小词典

万向节：一般轿车常采用的万向节为外侧球笼式万向节，内侧为三销轴式万向节。

1. 球笼式万向节

球笼式万向节的六个钢球全部传力，承载能力强，可实现两轴最大交角 42°情况下传递力矩，其结构紧凑，如下图 4-8、图 4-9 所示。

图 4-8　球笼式万向节实物图

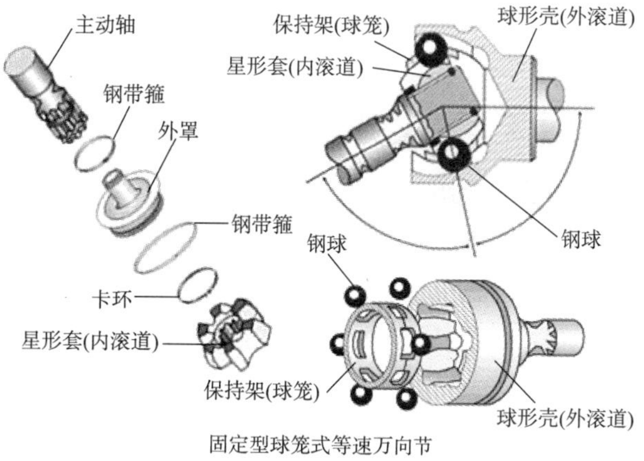

图 4-9　球笼式万向节结构图

2. 自由三枢轴万向节

三个外表面为球面的滚子轴承，分别活套在一个枢轴上。在传递力矩过程中，从动轴之间不仅能相对转动，而且可以产生轴向位移。如下图 4-10、图 4-11 所示。

图 4-10　三枢轴万向节实物图

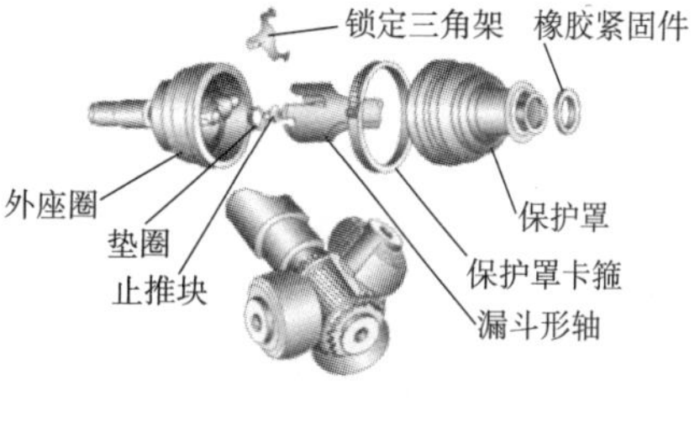

图 4-11　三枢轴万向节结构图

二、计划与实施

D. 小组讨论制定动力总成与前悬架总成装配计划，装配后的效果如下图 4-12 所示。

图4-12 动力总成与前悬架合成图

(一)制定计划

(1)安全防护措施(人身、工具、零件):

(2)使用工具(工具种类及正确使用方法):

(3)工作车型:

(4)计划用时：

(5)小组讨论制订安装步骤与方法，并填写在下面。

(二)实施计划

(1)用龙门式起重机吊起发动机总成(如图4-13所示)。

小提示

吊起时注意安全，发动机下方严禁站立，保持发动机平衡。

(2)将前悬架移至吊起的发动机下，慢慢拉动铁链，并对准发动机支架，如图4-14所示。

图4-13　吊起发动机总成

图4-14　前悬与发动机合装

小提示

吊起时注意安全，发动机下方严禁站立，保持发动机平衡，防止对位时夹手。

(3)发动机液压减振器与发动机后支架连接

作业指导书(表4-1、表4-2)具体描述了该任务使用的工具，质量标准及图示、操作要点及注意事项，请认真阅读并进行操作。

发动机液压减振器与发动机前支架连接　　　表4-1

序号	操作内容	使用工具	质量标准及图示	操作要点及注意事项	不良现象
1	发动机液压减振器与发动机支架连接	气动扳手，套筒	对准螺栓孔(图4-15)	对准发动机支架孔位	
2	紧固螺栓	气动扳手，套筒	工艺力矩范围：49～58.8N·m；紧固无滑牙	紧固螺栓时必须对准发动机液压减振器与前支架孔位再紧固螺栓时，套筒应完全套入螺栓后再进行紧固	螺栓滑牙、异响

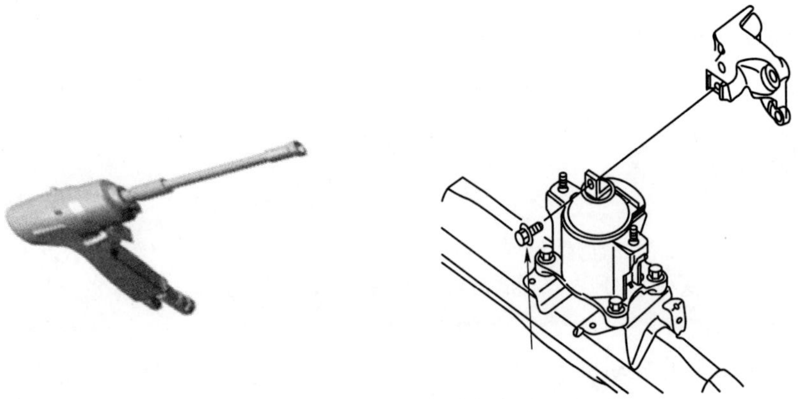

图4-15　发动机液压减振器安装

连接发动机后支架　　　表4-2

序号	操作内容	使用工具	质量标准及图示	操作要点及注意事项	不良现象
1	连接发动机后支架	气动扳手，套筒	图4-16	注意控制合车设备进行对位，发动机后支架螺栓孔与后支架螺栓孔对准才能紧固螺栓	对位不正
2	确认紧固螺栓规格再紧固	气动扳手，套筒	工艺力矩范围：73.5～83.3N·m；紧固无滑牙	装配前注意要让前支架与发动机液压减振器连接螺栓紧固后，再进行发动机后支架螺栓紧固，用螺栓将发动机后支架连接后，再进行紧固，紧固螺栓时，套筒应完全套入螺栓后再进行紧固螺栓滑牙	螺栓滑牙

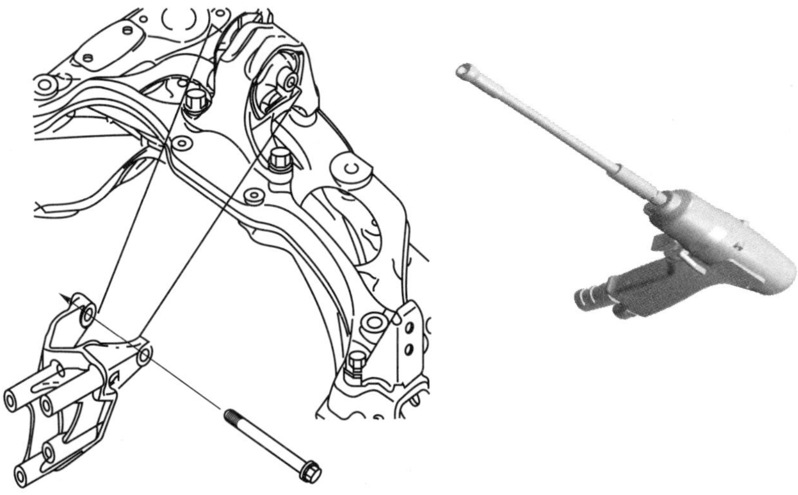

图4-16　连接发动机后支架

小提示

1. 预紧螺栓时，为防止螺栓滑牙，可先将螺栓旋入几个螺纹。
2. 使用扭力扳手时，小心扭伤手。
3. 预防零件，工具掉落。

(4)安装变速器支座

作业指导书(表4-3)描述了安装变速器支座所使用的工具、质量标准及图示、操作要点及注意事项，请认真阅读并进行安装。

变速箱支承与发动机连接　　表4-3

序号	操作内容	使用工具	质量标准及图示	操作要点及注意事项	不良现象
1	变速器支承与发动机连接对位		(图4-17、图4-18)		
2	紧固2颗连接螺栓	气动扳手，套筒	工艺力矩范围:49～58.8N·m;紧固无滑牙	预紧螺栓a紧固螺栓b最后再增紧螺栓a;紧固螺栓时，套筒应完全套入螺栓后再进行紧固	螺栓滑牙

图4-17　变速器支承与发动机连接

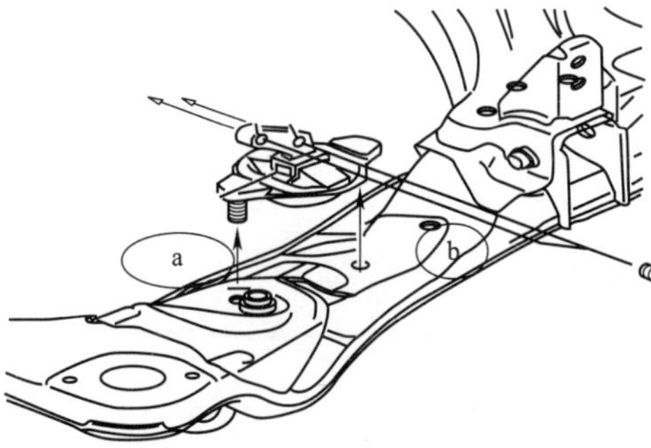

图4-18　变速箱支承与发动机连接示意图

(5)左侧驱动半轴总成与发动机连接

作业指导书(表4-4)描述了该任务使用的工具、质量标准及图示,操作要点及注意事项,请认真阅读并进行操作。

左侧驱动半轴总成与发动机连接 表4-4

序号	操作内容	使用工具	质量标准及图示	操作要点及注意事项	不良现象
1	左侧驱动半轴总成与发动机连接		半轴无脱臼,(图4-19、图4-20)	向下压传动轴;检查驱动轴护套是否破损;目视确认转向节球头护套没有穿孔漏油。 注意:防止脱钩掉落半轴总成、小心放置半轴总成防止压到手	挂钩松脱、球头护套破损、护套穿孔
2	驱动轴与发动机连接		驱动半轴护套无破损(图4-19、图4-20)	移除防尘盖后,防止异物进入变速器或附着在半轴端部(手套勿触碰);驱动半轴轴头齿轮卡环无缺失、破损,确认驱动轴头与差速孔花键位置连接好后,左手前推转向节制动盘,右手旋转制动盘半轴	行车时异响
3	将转向节总成吊起			旋转进入差速孔,传动轴压入时确认变速箱接口的油封无凸起或破损;传动轴压入后,回拉确认	
4	把操作吊具下降至装配位置			回拉确认,保证传动轴轴头无松脱确认半轴已压到位	半轴与发动机之间间隙过大

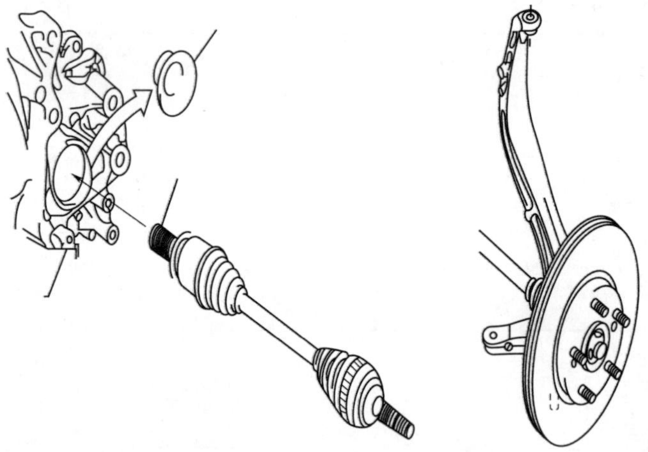

图4-19 左侧驱动半轴总成与发动机连接

图4-20 半轴与发动机连接

小提示

安装驱动半轴时,要注意防止传动万向节(内侧三枢轴式)滑出,防止皮碗损坏。

(6)左前束杆与转向节连接

作业指导书(表4-5)具体描述了该步骤使用的工具、质量标准及图示,操作要点及注意事项,请认真阅读并进行操作。

左前束杆与转向节连接　　表4-5

序号	操作内容	使用工具	质量标准及图示	操作要点及注意事项	不良现象
1	连接左前束杆与转向节	气动扳手	图4-21		
2	紧固螺母	气动扳手	工艺力矩范围:49~58.8N·m;紧固无滑牙	用手预紧螺母3圈螺纹以上,再进行紧固;套筒应完全套入螺栓后再进行紧固	螺母滑牙

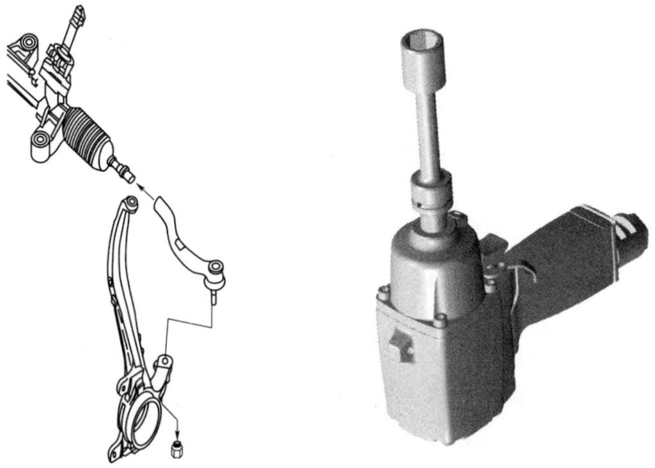

图4-21　左前束杆与转向节连接

(7)左下叉臂与转向节连接

作业指导书(表4-6)具体描述了该步骤使用的工具、质量标准及图示、操作要点及注意事项,请认真阅读并进行操作。

左下臂与转向节连接　　表4-6

序号	操作内容	使用工具	质量标准及图示	操作要点及注意事项	不良现象
1	连接左下臂与转向节	气动扳手	图4-22		
2	紧固螺母	气动扳手	工艺力矩范围:78.4~88.2N·m;紧固无滑牙	用手预紧螺母3牙以上,再进行紧固,紧固时,套筒应完全套入螺栓后再进行紧固	螺母滑牙
3	安装后转动制动盘一圈		无异响、半轴护套无凹陷		制动盘内有异物、半轴护套凹陷

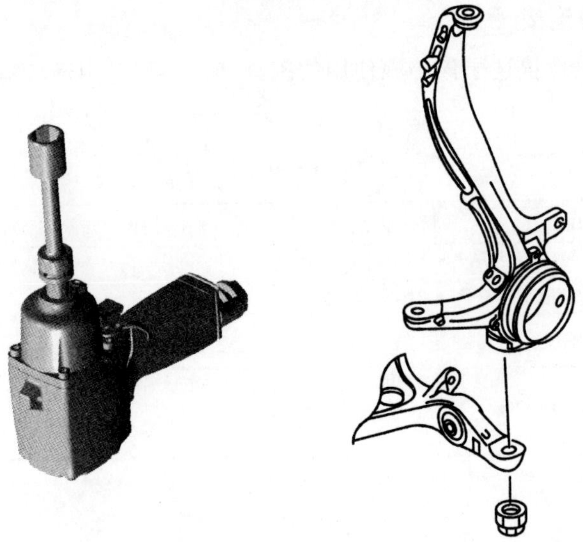

图4-22　左下叉臂与转向节连接

右侧驱动半轴总成与发动机连接，右前束杆与转向节连接，右下叉臂与转向节连接。具体装配工艺要求与左侧相同。

三、评价反馈

E. 完成本任务的学习后，请认真思考总结，并完成以下作业。

(1)紧固力矩检验评价。

学习完成装配后，教师对某一个螺母的紧固力矩进行检验，给出综合评价。

(2)写出汽车传动动力的传递路线。

(3)实训场地评价。

根据表 4-7 内容对整理完毕后的实训场地进行评价。

实训场地评价表　　表 4-7

序号	内　容	要　求	结果记录	序号	内　容	要　求	结果记录
1	工具	清点、整理、归位		4	工作台	清洁、归位	
2	安装零件	清洁、保养、归位		5	气源	切断	
3	气管	整理、归位		6	工作区域	清扫	

教师总体评价：

年　　月　　日

任务2　汽车底盘总成与车身合装

任务目标(建议学时:4学时)

完成本任务学习后,你应当能:

1. 叙述汽车车身和底盘的基本组成、构造和零部件名称;

2. 在教师的指导下,根据作业指导书,懂得举升机的安全操作,完成车身与底盘总成的合成操作;

3. 在装配完成后,能独立或小组检验装配品质。

任务描述

在汽车制造工作中,汽车车身与底盘总成的合成是关键的一步,其装配质量的好坏直接影响到汽车的使用性能和使用寿命。本任务通过对车身与底盘各总成合成的学习,学习汽车底盘各总成的组成、作用及安装位置;为了完成汽车车身与底盘各总成合成,请你明确汽车车身与底盘各总成合成的操作规程和安装后的基本检查方法。

一、学习准备

A. 汽车车身和底盘各总成的组成有哪些?安装位置在哪里?

(一)汽车车身

底盘(图4-23、图4-24)各总成,主要由动力总成、前悬架总成和后悬架总成三部分组成,(如图4-25~图4-27所示)。

(二)各总成的安装位置和作用

后悬架总成与汽车车身后部相连接,动力总成与前悬架总成相连接。

图4-23　车身结构

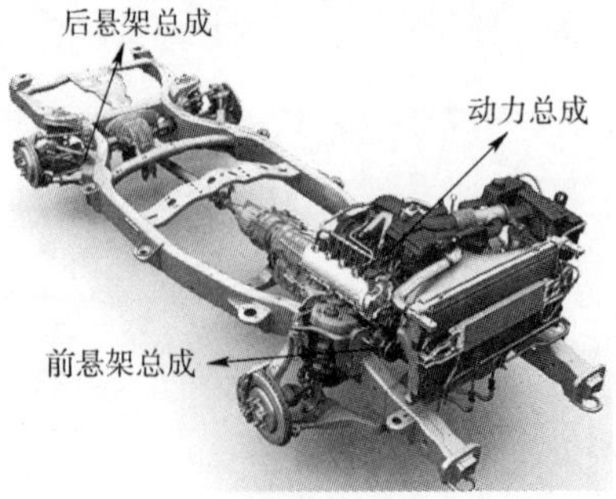

图4-24　底盘总成

图4-25　动力总成

图4-26　前悬架总成

图4-27　后悬架总成

一般来说，汽车底盘由汽车传动系、行驶系、制动系和转向系四大系统组成，而实操用的动力总成属于传动系，前、后悬架总成属于行驶系；在前悬架总成中包括有制动和转向机构。

B. 各总成都有一定的重量，在与车架合装时需要使用举升机，那么，怎样正确使用举升机？

（三）举升机的使用

1）查阅资料：举升机的举升能力是3t、最大举升高度1.965m；作业宽度3m；举升机的类型是：立柱式。

2）正确操作举升机

（1）工作人员是否撤离工作场地；

（2）车辆在举升机上支撑正确、牢固；

（3）举升机的锁紧机构可以安全使用；

（4）升起后切忌摇晃车辆以防止车辆跌落。

3）想一想

（1）举升机的举升按钮如图4-28所示，顺时针旋转是升还是降？

（2）举升机的锁紧机构如图4-29所示，现在的状态是处于锁紧状态吗？

（3）请同学们根据举升机的操作规程，分小组举升一台车架，看哪一组又快又平稳又准确地完成任务？

图4-28　举升机按钮

图4-29　锁止机构

二、计划与实施

(一)制定计划

C. 各总成与车体合装应注意哪些问题?根据作业指导书,小组讨论各总成与车体合装的基本步骤和方法,并填写在下面。

(1)安全操作举升机:

(2)使用的设备和工具:

(3)小组讨论制订后悬架与车身合成操作计划并写在下面:

(4)小组讨论制订前悬架与车身合成操作计划并写在下面:

D. 根据前面制定的计划，参考以下步骤进行后悬架和车身的合成。

(二)计划实施

1. 后悬架与车体合装

(1)将车体固定在两轴举升机上，如图4-30所示。

注意：对位完成前勿操作设备。

(2)后悬架总成移至合车设备上，如图4-31所示。

注意：小心后悬架掉落

图4-30　固定车体

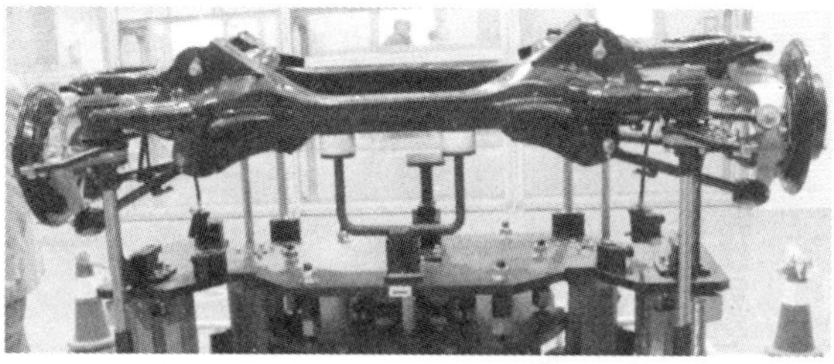

图4-31　后悬架整体

(3)后悬合车螺栓孔与车身对位，如图4-32所示。

注意：禁止一边对位一边操作设备

(4)预装前合车支架，如图4-33所示。

图4-32　紧固后悬架螺栓

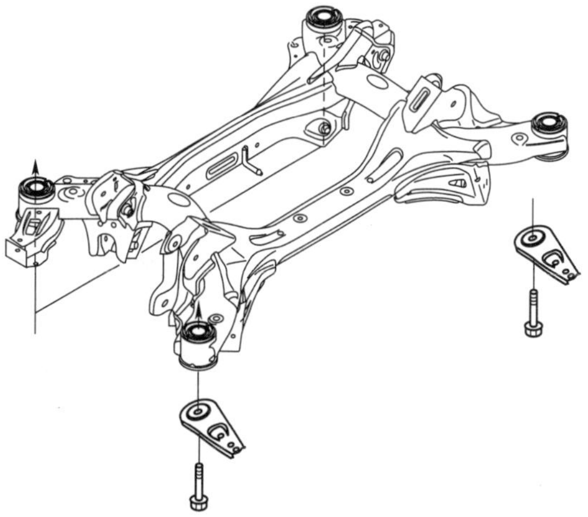

图4-33　预装前合车支架

注意：不小心会撞伤头部。

(5)预装后合车支架，如图4-34所示。

注意：不小心会撞伤头部。

(6)紧固后悬架左右侧合车螺栓，如图 4-35 所示。

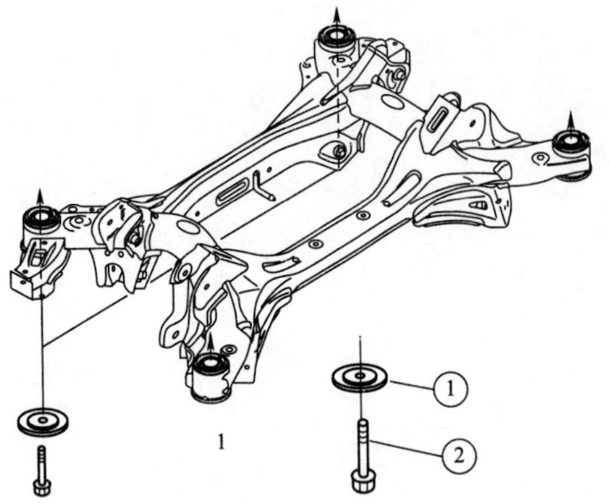

图 4-34 预装后合车支架

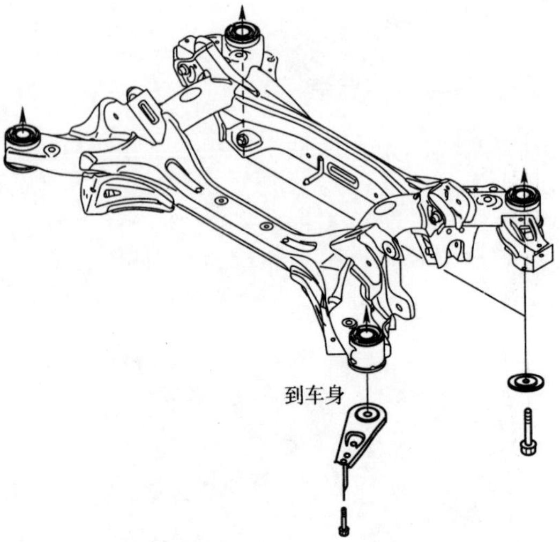

图 4-35 紧固后悬架合车螺栓

注意：不小心会刮伤手

(7)紧固后悬架左右加强螺栓，如图 4-36 所示。

注意：不小心会刮伤手

(8)左右后减振器与转向节预装，如图 4-37 所示。

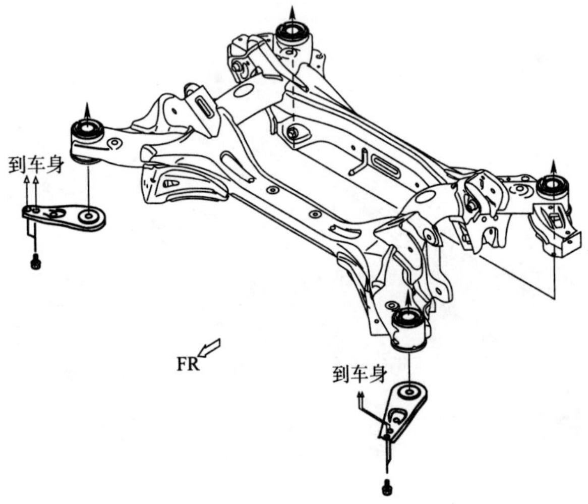

图 4-36 紧固后悬架合车加强螺栓

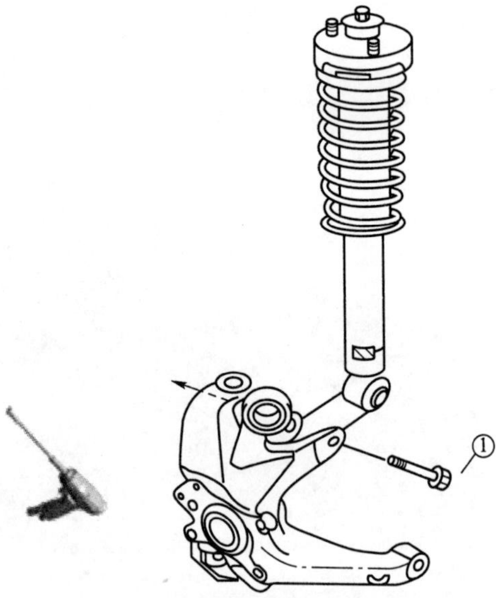

图 4-37 减振器与转向节预装

注意：不小心会夹到手指

(9)紧固后悬架左右加强螺栓，如图 4-38 所示。

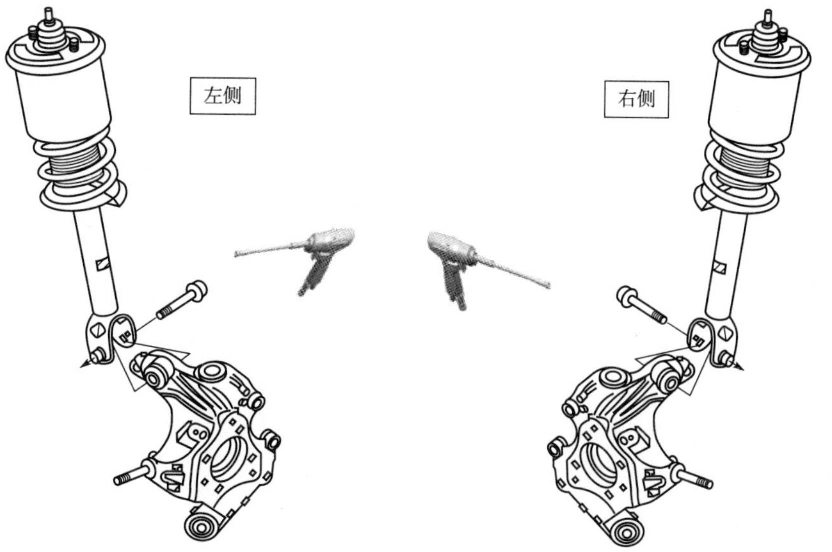

图 4-38　紧固后悬架加强螺栓

注意:不小心会夹到手指

(10)后悬架左右加强螺栓紧固力矩检查,如图 4-39 所示。

注意:不小心会刮伤手。

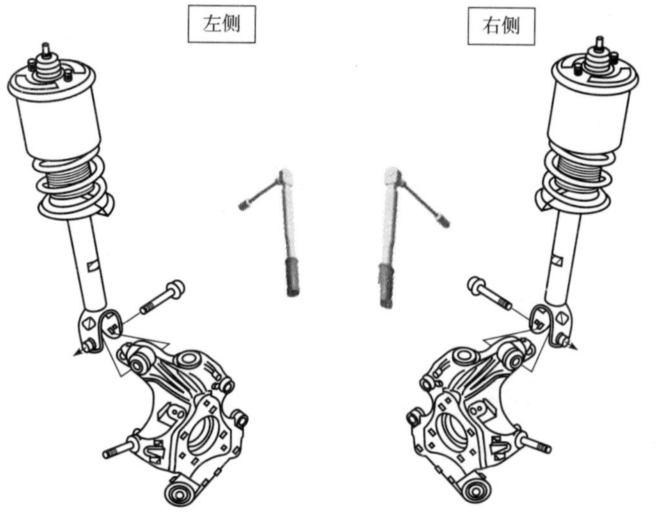

图 4-39　后悬架加强螺栓扭力检查

2. 前悬架总成、动力总成与车体合装

(1)将车体固定在两轴举升机上,如图 4-40 所示。

注意:对位完成前勿操作设备。

(2)前悬架总成和动力总成移至合车设备上,如图 4-41 所示。

注意:小心不要碰伤车体。

图 4-40　固定车体

图 4-41　移动前悬架总成

(3)前悬减振器与车身孔对位,如图 4-42 所示。

注意:禁止一边对位一边操作设备。

(4)预装前合车连板,如图 4-43 所示。

图 4-42　前悬减振器与车身孔对位

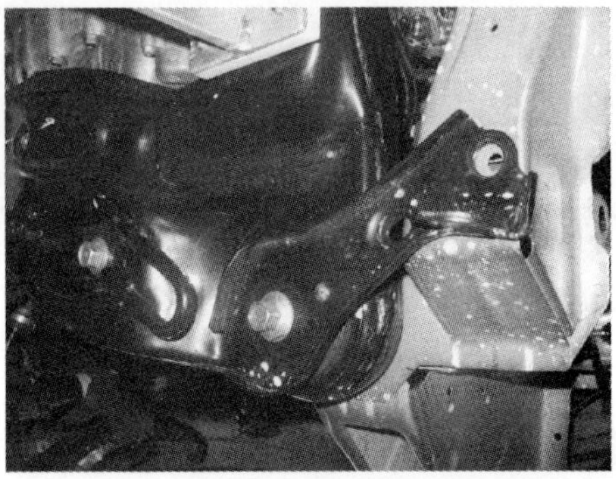

图 4-43　预装前合车连板

注意:小心不要撞伤手部,不要刮伤手指。

(5)预装后合车连板,如图 4-44 所示。

注意:小心不要撞伤头部,不要刮伤手指。

(6)紧固前悬架左右侧合车螺栓,如图 4-45 所示。

注意:小心不要刮伤手。

图 4-44　预装后合车连板

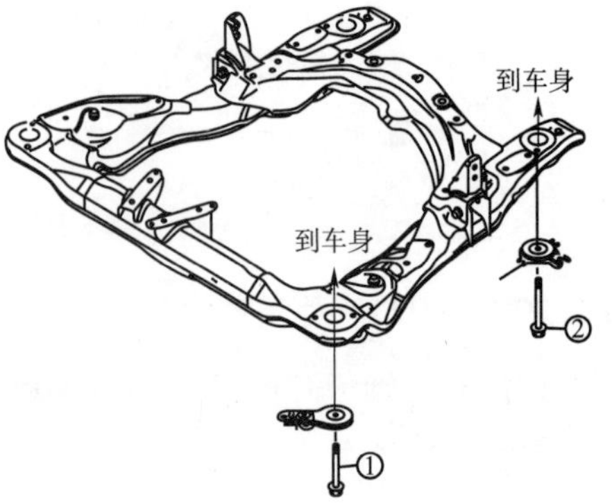

图 4-45　紧固前悬架合车螺栓

(7)预装左右侧悬挂臂与转向节螺母,如图4-46所示。

注意:小心不要撞伤头部,不要刮伤手指。

(8)紧固左右侧悬挂臂与转向节螺母,如图4-47所示。

图4-46 预装悬挂臂与转向节螺母

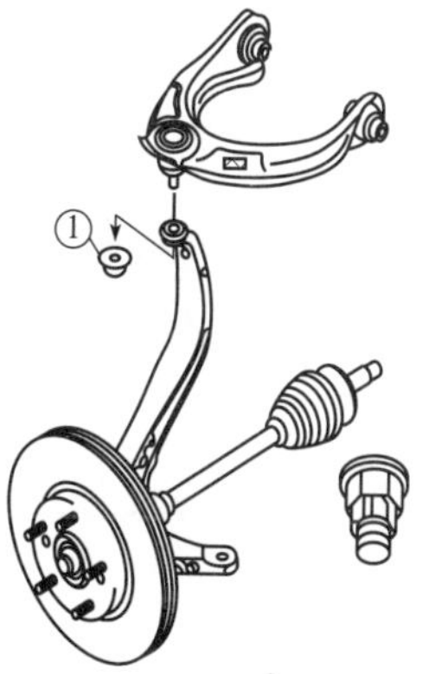

图4-47 紧固悬挂臂与转向节螺母

注意:小心不要撞伤头部,不要刮伤手指。

(9)紧固副车架左右侧中间支承螺栓,如图4-48所示。

注意:小心不要撞伤头部,不要刮伤手指。

(10)紧固减振器与车身连接螺栓,如图4-49所示。

图4-48 紧固副车架支承螺栓

图4-49 紧固减振器与车身连接螺栓

注意:小心不要刮伤手。

(11)安装管路和开关,如图4-50所示。

注意:不要漏接开关,管路连接不能发生泄漏。

三、评价反馈

E.完成本任务的学习后,请认真思考总结,并完成以下问题。

(1)仔细观察图4-51所示,如何判断左右前连板?

图 4-50　连接相关管路

图 4-51　连板

(2)安装的零件或部件有前悬架总成、前合车连板、后合车连板、转向节连接螺栓、中间支承螺栓之外还有什么零部件?

自我评价等级:优　　　良　　　中　　　合格　　　不合格

小组评价等级:优　　　良　　　中　　　合格　　　不合格

教师总体评价:

年　　月　　日

参 考 文 献

[1] 陈家瑞. 汽车构造(下册)(第四版)[M]. 北京:人民交通出版社,2003.

[2] 李春明. 汽车电路读图[M]. 北京:北京理工大学出版社,2009.

[3] 赵桂范. 汽车制造工艺[M]. 北京:北京大学出版社,2008.